Sprach*freunde* 2

Ausgabe Süd

Ein Sprachbuch
für die Grundschule

Erarbeitet von
Kathrin Knutas
Karin Kühne
Peter Sonnenburg
und der Verlagsredaktion

VOLK UND WISSEN

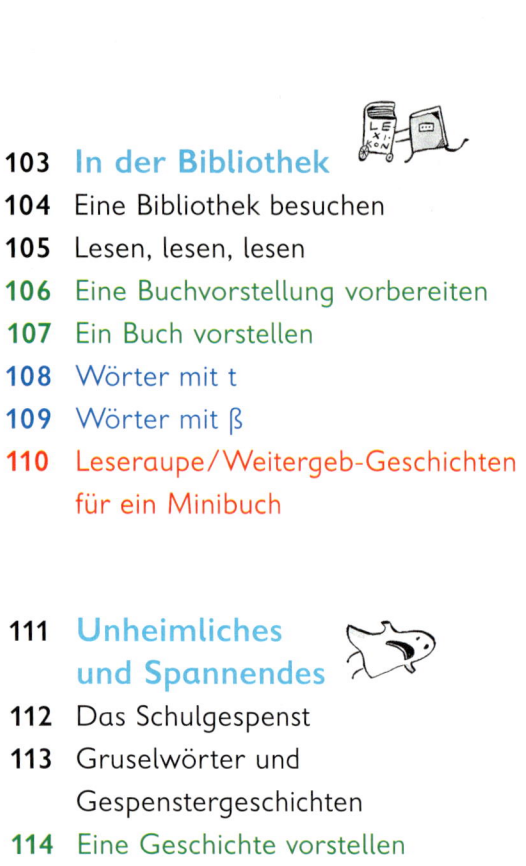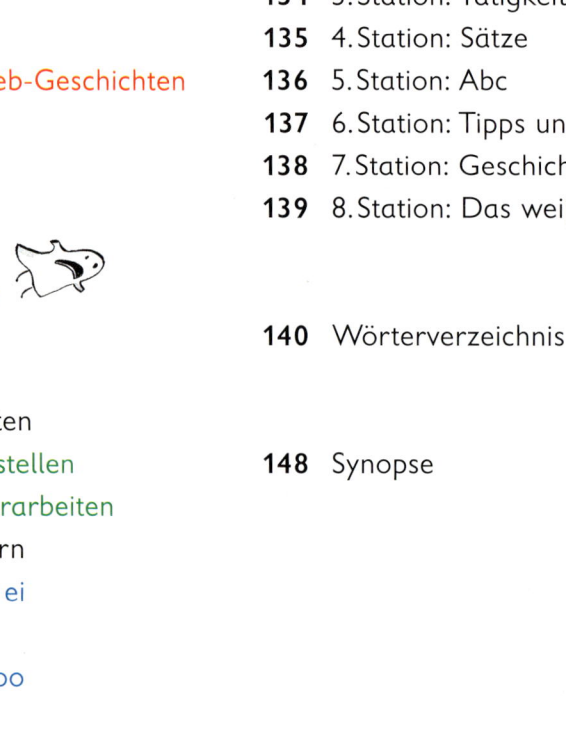
Strategieseiten
Blaue Seiten
Freundeseiten

In der Schule

Sprecht zu dem Bild!
Was gibt es Neues in der Schule?

Alle sind wieder in der Schule

1 Die Kinder erinnern sich an das letzte Schuljahr.
Welche Erinnerung hast du an das letzte Schuljahr?
Erzähle!

Ich kann jetzt schon richtige Bücher lesen.

Am Anfang hatte ich Angst und habe immer geweint, wenn ich zur Schule musste.

Ich habe niemanden gekannt. Jetzt sind wir Freunde.

2 Was kannst du jetzt, das du vor einem Jahr noch nicht konntest?
Schreibe oder male!

3 Schreibe auf, worauf du besonders stolz bist!

situationsangemessen erzählen, schreiben oder malen: eigenes Können reflektieren **AH** S.2

Das kann ich

  Ich kann richtig schreiben. Wähle aus!

- ⚀ Welche Buchstaben?
- ⚁ Welche Wörter?
- ⚂ Welche Sätze?

Laute hören wir. Buchstaben lesen und schreiben wir.

Ich heiße Anna.

Ich bin 7 Jahre alt.

Ich mag Alina.

A a
B b
C c
Mi und Mo
Mutti
Ball
Vati

2 Lies die Treppensätze!

Ich kann lesen.

Ich kann lesen und schreiben.

Ich kann Wörter lesen und schreiben.

Ich kann Wörter gut lesen und sauber schreiben.

 3 Schreibe Treppensätze in dein Heft!
Die Sammelwörter helfen dir.

Ich kann ...
Ich kann ... und ...
Ich kann ... und ... und ...

lesen
schreiben
rechnen
malen
singen

Die Sprachfreunde entdecken

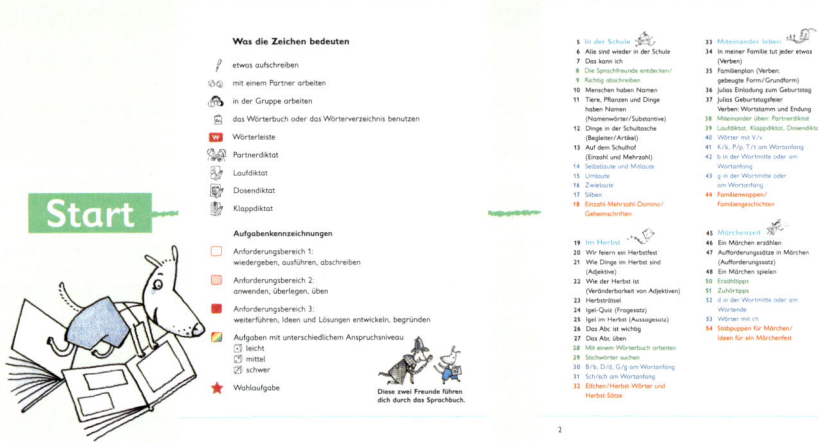

1 **Zeichenerklärung** auf dem Umschlag:
Erkläre, was die Zeichen ★, ◌◌, ✎
bedeuten!

2 **Inhaltsverzeichnis** auf den Seiten 2 bis 4:
Was findest du auf S. 9?

3 **Seite 5:**
Hier beginnt ein neues Kapitel.
Schreibe auf, wie es heißt!

4 **Seite 12:**
Lies den Merksatz vor!

5 **Seite 30:**
Schreibe 5 Wörter
der Wörterleiste ab!

6 Finde eigene Fragen zum Buch
und stelle sie anderen Kindern!

Bilder und Symbole zur ersten Orientierung nutzen;
verschiedene funktionale Textarten erkennen

Richig abschreiben

1 So schreibst du etwas richtig ab. Präge dir die Schritte ein!

1
Kat ze

leise **lesen**
in **Silben sprechen**

2
Ka**tz**e

merken

3
Ka
ka

schreiben
leise **mitsprechen**

4
K̶a̶z̶e̶
Katze

prüfen
berichtigen

2 Schreibe in dein Heft ab! Beachte die Schritte!

 lesen, sprechen, merken, schreiben, prüfen

Ich lese leise / und spreche / in Silben mit.
Schwere Stellen / merke ich mir.
Ich schreibe richtig ab / und prüfe.

Ich lese leise und spreche in Silben mit.
Schwere Stellen merke ich mir.
Ich schreibe richtig und sauber ab.
Zum Schluss prüfe ich genau und berichtige die Fehler.

Menschen haben Namen

1 Wie spielt ihr das Spiel
„Mein rechter, rechter Platz ist leer"?
Spielt nach euren Regeln!

Mein rechter, rechter Platz ist leer. Ich wünsche mir den Alexander her.

2 Schreibe Namen aus deiner Klasse auf!
Mädchen: …   Jungen: …

3 Schreibe die Reimpaare auf!
Unterstreiche den großen Anfangsbuchstaben!
Kora, Nora, …

Kora	Lina	Kim	Nico
Nora	N…	T…	R…

4 Erkläre, was ein Vorname und was ein Familienname ist!

5 Finde möglichst viele Namen,
die mit deinem Lieblingsbuchstaben beginnen!

> **Menschen** haben **Namen**.   `MERKE DIR`
> Man schreibt sie immer **groß**.
> *Maria, **T**im, **S**ofie, **P**aul*

Begriff Namenwort (Substantiv) anbahnen;
Begriffe Vorname/Nachname klären

Tiere, Pflanzen und Dinge haben Namen

1 Welche Menschen, Tiere, Pflanzen und Dinge
könnt ihr im Bild entdecken? Findet die Sammelwörter!

das Bild
der Baum
das Buch
der Fisch
die Blume
die Katze
das Kind
der Stift
das Mädchen
der Junge
der Computer
die Lehrerin
der Apfel
die Schere
die Maus

2 Ordne Wörter aus Aufgabe 1 zu!
⚀ je ein Wort ⚁ je zwei Wörter ⚂ mindestens je drei Wörter

Menschen: das Kind, …
Tiere: …
Pflanzen: …
Dinge: …

Namen für **Menschen**, **Tiere**, **Pflanzen**   **MERKE DIR**
oder **Dinge** heißen **Namenwörter (Substantive)**.
Namenwörter (Substantive) schreibt man immer **groß**.
das Kind, der Vogel, die Blume, das Buch

Dinge in der Schultasche

1 Was gehört alles in eine Schultasche?

2 Lies den Text!
Welche Wörter musst du einsetzen?

Die Schultasche ist noch nicht gepackt.
Es fehlen noch … Schere und … Stift.
Alle sollen … Buch mitbringen.
Paul wählt … Ritterbuch aus.
Jetzt steckt er noch … Brot ein.
Fertig!

die	Schultasche
eine	Schultasche
die	Schere
eine	Schere
der	Stift
ein	Stift
das	Buch
ein	Buch
das	Brot
ein	Brot

3 Schreibe den Text ab!
Unterstreiche die Begleiter!
🎲 zwei Sätze 🎲 drei Sätze 🎲 alle Sätze

4 Vergleicht eure Lösungen!

5 Schreibe die blau markierten Namenwörter (Substantive)
aus dem Text so auf: die Schultasche – eine Schultasche, …

Namenwörter (Substantive) haben **Begleiter**
(Artikel).
Bestimmte Begleiter (Artikel): *der, die, das.*
Unbestimmte Begleiter (Artikel): *ein, eine.*
der Stift – *ein* Stift, *die* Schere – *eine* Schere, *das* Brot– *ein* Brot

MERKE DIR

Artikel (bestimmten und unbestimmten) kennen lernen:
Gebrauch der Artikel erproben

Auf dem Schulhof

1 Was kommt im Bild nur einmal vor?
Was kommt mehrmals vor?

das Kind
die Kinder

der Apfel
die Äpfel

der Ball
die Bälle

der Baum
die Bäume

das Fenster
die Fenster

die Blume
die Blumen

die Bank
die Bänke

die Schule
die Schulen

2 Bilde Paare! Nutze die Sammelwörter und
ergänze die Tabelle!

⚀ drei Paare   ⚁ fünf Paare   ⚂ acht Paare

Einzahl	Mehrzahl
das Kind	die Kinder
...	die Äpfel
...	die Bälle
...	...

der Hund –
die Hunde

3 Markiere, was sich in der Mehrzahl verändert!

4 Die Mehrzahl kann unterschiedlich gebildet werden.
Was entdeckst du?

Namenwörter (Substantive) können in der **Einzahl** **MERKE DIR**
und in der **Mehrzahl** stehen.
In der Mehrzahl heißt der bestimmte Begleiter (Artikel) immer **die**.
*das Kind – **die** Kind**er**, der Apfel – **die** Äpfel, das Fenster – **die** Fenster*

Selbstlaute und Mitlaute

1 Lies leise! Lies dann vor!

A, **E**, **I**, **O**, **U**, diese Laute kennst auch du.
A wie ▯ffe, **E** wie ▯sel
I wie ▯gel, **O** wie ▯sterhase,
U wie ▯hu.
U, **O**, **I**, **E**, **A**, jetzt sind alle da.

2 Schreibe die Tiernamen richtig auf!
Markiere die Selbstlaute **A**, **E**, **I**, **O**, **U**!
Affe, …

3 Schreibe deinen Namen auf!
Welche Selbstlaute kommen darin vor?

4 Schreibe Vornamen auf, die mit einem Selbstlaut beginnen!
⚀ drei Namen ⚁ fünf Namen ⚂ sechs Namen
Anne, …, …

5 Schreibe die Namenwörter (Substantive)
mit Begleiter (Artikel) auf!
der Bach – das Buch, …

a	o	a	a
B▯ch	H▯se	H▯nd	Sch▯le
u	a	u	u

6 Suche Wörter, die mit einem Selbstlaut beginnen und enden!
Schreibe sie auf: <u>alle</u>, …

A, E, I, O, U sind **Selbstlaute**.　　　**MERKE DIR**
Sie heißen so, weil sie selbst klingen.
Alle anderen Laute heißen **Mitlaute**.

Umlaute

1 Lies den Text!

Das neue Klassenzimmer
Wir haben jetzt neue Bänke und Stühle.
In den Regalen stehen Kästen.
In Körben sammeln die Kinder Papier.
Bücher und Blöcke liegen
in den unteren Fächern der Schränke.

2 Suche im Text Wörter mit den Umlauten **ä**, **ö** oder **ü**!
Schreibe sie in der Mehrzahl und in der Einzahl auf!
⚀ drei Wörter   ⚁ fünf Wörter   ⚂ alle Wörter
die Bänke – die Bank, ...

3 Setze die Umlaute **ä**, **ö** oder **ü** richtig ein und
schreibe die Wörter auf!
Schreibe so: *das Mädchen, ...*

das M◻dchen   die T◻r   der B◻r   die Fl◻te   der L◻we

4 Wie heißt das große Tier, das im Wort steckt?
Schreibe so: *das Schäfchen – das Schaf, ...*

das Schäfchen   das Vögelchen   das Mäuschen   das Hühnchen

Aus den **Selbstlauten a, o, u**   **MERKE DIR**
können die **Umlaute ä, ö, ü** werden.
das Blatt – die Blätter, das Dorf – die Dörfer, die Kuh – die Kühe

---

Zwielaute

1 Lies die Rätsel und löse sie!

> Es steckt in <u>ei</u>ns und zw<u>ei</u> und dr<u>ei</u>,
> im R<u>ei</u>s, im Fl<u>ei</u>sch, in jedem Br<u>ei</u>.
> Der Kuchen schmeckt besonders f<u>ei</u>n,
> rührt man es in den T<u>ei</u>g hin<u>ei</u>n.

> Gestern war Fr<u>ei</u>tag.
> Morgen ist Sonntag.
> W<u>ei</u>ßt du, welcher Tag
> h<u>eu</u>te ist?

> Alle Tage geh ich <u>au</u>s
> und bl<u>ei</u>be dennoch
> stets zu H<u>au</u>s.

2 Achte in den Rätseln auf die unterstrichenen Buchstaben!
Wie viele Laute hörst du?
Wie viele Buchstaben siehst du?

3 Setze die Zwielaute **ei**, **eu**, **au** richtig ein und schreibe sie auf!
Schreibe so: das Auge, …

das ⬤ge	die Fr🧍ro	das B🦵n
das 🚗to	die 🦉le	das 🍦s	das F🔥er

4 Zähle von eins bis zehn!
Schreibe die Zahlwörter auf,
die einen Zwielaut oder
einen Umlaut haben!

> Warum heißt es Zwielaut und nicht Zweilaut?

> Zwieback heißt doch auch nicht Zweiback.

---

ei, **au**, **äu** und **eu** nennt man **Zwielaute**.
die Kr<u>ei</u>de, das H<u>au</u>s, das H<u>äu</u>schen, die L<u>eu</u>te

MERKE DIR

Silben

1 Im Silbenrätsel haben sich Namenwörter (Substantive) mit zwei Silben versteckt. Findet sie!

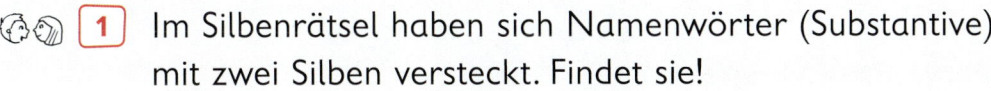

Schu — Na — Sche — Pin — me — sel — re — le

2 Schreibe die Wörter mit Silbenbögen auf!
Markiere in jeder Silbe den Selbstlaut!

Schu le, ...

3 Ordne die Wörter nach Silben!
⚀ je ein Wort ⚁ je zwei Wörter ⚂ alle Wörter

eine Silbe: Heft, ...
zwei Silben: ...
drei Silben: ...

die Aufgabe	das Heft	die Tafel
der Schwamm	der Buchstabe	der Stuhl
der Stundenplan	der Bleistift	das Regal

4 Was ist gemeint? Schreibe die Wörter so auf:

Tafel, ...

 a e    i e   Au o   o a e   A e

Wörter bestehen aus **Silben**.
Jede **Silbe** hat einen **Selbstlaut**, **Zwielaut** oder **Umlaut**.
Heft, Kreide, Aufgabe, Tür

MERKE DIR

Einzahl-Mehrzahl-Domino

 Gestalte ein Einzahl-Mehrzahl-Domino!

Geheimschriften

Ich setze für jeden Selbstlaut ein o ein.
Och sotzo for jodon Solbstlot on o on.

Giblo demlo
Hundlo undlo demlo
Deloteklotivlo
eilonenlo
Nalomenlo!

Ich setze nach jeder Silbe lo ein.
Ichlo setlozelo nachlo jeloderlo Sillobelo lolo einlo.

 Wähle eine Geheimschrift aus und schreibe eine Botschaft!

gemeinsam handlungsorientiert lernen: Singular und Plural;
mit Silben arbeiten: Vokale austauschen

Im Herbst

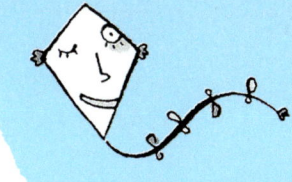

Bunt sind schon die Wälder,
gelb die Stoppelfelder,
und der Herbst beginnt.
Rote Blätter fallen,
graue Nebel wallen,
kühler weht der Wind.

Johann Gaudenz von Salis-Seewis

Woran erkennst du im Bild den Herbst?
Sammelt gemeinsam viele Herbstwörter!

Wir feiern ein Herbstfest

1 Lest das Gespräch so, dass einer nach dem anderen spricht!
Es soll sich eine sinnvolle Reihenfolge ergeben.

Wollen wir ein Fest feiern?

Ja, ein Herbstfest wäre toll.

Wir können auch Herbstsalate machen.

Oder wir feiern ein Herbstfest.

Wir könnten ein Kartoffelfest feiern.

Aus Kastanien und Blättern kann man viele schöne Sachen basteln.

Lasst uns alle Ideen aufschreiben!

2 Besprecht in eurer Klasse,
was für ein Fest ihr feiern wollt!

3 Überlegt gemeinsam,
wie euer Fest ablaufen soll
und was ihr dafür braucht!

4 Macht einen Arbeitsplan!
Verteilt die Aufgaben!

Was?	Wer?
Obst mitbringen	Leon, Maria
Herbstblätter sammeln	alle
Kastanien sammeln	alle

Gesprächsvorgaben sinnvoll ordnen;
eine gemeinsame Veranstaltung planen

Wie Dinge im Herbst sind

 1 Erklärt und spielt das Spiel:
„Ich sehe was, das du nicht siehst …"

Ich sehe was, das du nicht siehst, und das ist **gelb**.

Ist es der **gelbe** Kürbis?

bunt
gelb
braun
rot
blau
grün
süß
saftig
groß
rund
klein
schwer

2 Wie sind die Dinge? Bilde Sätze!
 zwei Sätze   drei Sätze ⚄ möglichst viele Sätze

Die Kartoffeln	sind	braun.
Die Kastanie	ist	…
Der Apfel	schmeckt	…
…	…	…

Manche Wörter sagen, **wie** Dinge sind: **MERKE DIR**
Sie heißen **Eigenschaftswörter (Adjektive)**.
süß, hart, bunt, gelb, …
Frage so: **Wie** sind …? Die Nüsse sind **hart**.
    Wie ist …?   Der Apfel ist **süß**.

Wie der Herbst ist

1 Lies das Gedicht!

Das erste Blatt ist gelb,
das zweite Blatt ist rot,
das dritte Blatt ist braun.
Sie liegen unterm Baum –
gelbes Blatt,
rotes Blatt,
braunes Blatt.

Da kommt ein Wind,
lässt sie tanzen geschwind,
gelb, rot und braun –
um den Baum.

Rosemarie Künzler-Behncke

2 Finde für das Gedicht eine passende Überschrift!

3 Setze die Eigenschaftswörter (Adjektive) gelb, rot und braun
in der richtigen Form ein!
Schreibe so: Das Blatt ist gelb. – das gelbe Blatt …

Das Blatt ist  . – das gelbe Blatt

Das Blatt ist 🍁 . – das … Blatt

Das Blatt ist 🍂 . – …

4 Wie ist das Wetter im Herbst?
Schreibe so: Der Wind ist stark. – der starke Wind, …

der Wind	der Himmel	die Luft
die Wolken	der Regen	…

grau
klar
stark
kalt
heftig

5 Was gefällt dir am Herbst? Was gefällt dir nicht?
Schreibe es auf!

Eigenschaftswörter (Adjektive) können
vor einem Namenwort (Substantiv) stehen.
der süße Apfel   die harten Nüsse

MERKE DIR

Herbsträtsel

1 Lies die Rätsel und löse sie!

Ich bin grün.
Ich werde später braun.
Ich trage ein kleines Hütchen.
Tiere im Wald fressen mich.

Lösung: Ich bin eine Eichel.

Ich bin saftig.
Ich dufte köstlich.
Ich bin oben dünner als unten.
Ich bin kein Apfel.

Lösung: Ich bin eine Birne.

Ich komme im warmen Frühjahr.
Ich lege mein großes Ei
in ein fremdes Nest.
Ich rufe meinen Namen.
Im kalten Herbst bin ich nicht mehr da.

Kuckuck!

2 Suche ein Rätsel aus und schreibe es ab!
Unterstreiche die Eigenschaftswörter (Adjektive) grün!

3 Schreibe ein eigenes Herbsträtsel!

4 Wer ist gemeint: der Drache oder der Drachen?
Wähle ein Bild und schreibe die passenden Sätze dazu!

Er hat einen   bunten   Schwanz.
                kräftigen

Er ist sehr   leicht.
                gefährlich.

Er schaut   lustig   aus.
                furchterregend

Es ist ein   Drachen.
                Drache.

Drachen

Drache

Igel-Quiz

 1 Bildet die Fragen für das Igel-Quiz!

Ein Igel kann 2 bis 4 Jahre alt werden.	Wie alt kann ein Igel werden **?**
Der Fuchs ist ein Feind des Igels.	Wer ist ein Feind … **?**
Igel fressen Würmer und Insekten.	Was … **?**
Igel verstecken sich in Laubhaufen.	Wo … **?**
Im Herbst beginnen Igel ihren Winterschlaf.	Wann … **?**

 2 Schreibt die Fragen und Antworten auf Zettel!
Achtet auf die Satzanfänge und die Satzzeichen!
Mischt die Zettel und ordnet die Fragen
den Antworten zu!

> Informiere dich im Tierlexikon, in Sachbüchern oder Zeitschriften!

3 Denkt euch zu den Quizkarten noch
weitere Spielideen aus und spielt ein Spiel!

 **4** Welche Fragen zum Igel habt ihr noch?
Schreibt eure Fragen auf! Findet gemeinsam Antworten!

MERKE DIR

Mit **Fragesätzen** wird etwas **gefragt**.
Am Ende von **Fragesätzen** steht ein **Fragezeichen**. **?**
Das Wort am **Satzanfang** schreibt man immer **groß**.
Warum halten Igel Winterschlaf **?**
Was fressen Igel **?**

Fragesatz; Satzschlusszeichen Fragezeichen kennen lernen;
Rechtschreibstrategien anwenden: Satzanfänge großschreiben

AH S.12/13

Igel im Herbst

1 Lies den Text!

Ein Igel wird 30 Zentimeter lang und 1 Kilogramm schwer.
Er hat sehr viele spitze Stacheln, mit denen er sich schützen kann.
Bei Gefahr rollt er sich einfach zusammen.

Junge Igel haben sehr weiche Stacheln.
Ein Igel frisst Würmer und Insekten, aber besonders gern frisst er Schnecken.
Darum ist er nützlich.
Igel leben in Parks und Gärten.
Im Herbst verstecken sich Igel gern in einem Laubhaufen und halten Winterschlaf.

2 Welche Aussagen stimmen? Sucht die Antworten im Text!

- Igel werden ungefähr 1 Kilogramm schwer.
- Bei Gefahr rollen sich Igel zusammen.
- Im Herbst fliegen Igel in wärmere Länder.
- Schon junge Igel haben harte Stacheln.
- Schnecken frisst der Igel besonders gern.
- Igel leben in Parkhäusern und Garagen.

3 Schreibe die drei richtigen Aussagen aus Aufgabe 2 auf!
Markiere immer den Satzanfang und den Punkt am Ende!

4 Schreibe drei Aussagesätze zu einem eigenen Igel-Erlebnis auf!

Am Ende von **Aussagesätzen** steht ein **Punkt**. $\boxed{.}$ **MERKE DIR**
Das Wort am **Satzanfang** schreibt man immer **groß**.
*D*er Igel frisst Würmer und Schnecken$\boxed{.}$
*I*m Winter hält er Winterschlaf$\boxed{.}$

Das Abc ist wichtig

A
B
C
D
E
F
G
H
I
J
K
L
M
N
O
P
Q
R
S
T
U
V
W
X
Y
Z

1 Wo finden die Kinder die Informationen,
die sie suchen? Ordne zu!

2 Übt das Abc-Lied und singt es gemeinsam!

3 Lest das Abc-Gedicht so:
Ein Kind liest, das andere Kind zeigt auf die Buchstaben
der Abc-Leiste.

ABCDE – im Herbst liegt selten Schnee.

FGHIJ – aus Früchten wird Kompott.

KLMNO – im Herbst sind Bauern froh.

PQRST – im Nebel ich nichts seh.

UVWXY und Z – jetzt ist das Herbstgedicht komplett.

 4 Schreibe das Abc in Großbuchstaben
in deiner schönsten Schrift auf!

Das Abc üben

1 In jeder Reihe fehlt ein Buchstabe.
Schreibe die vollständigen Buchstabengruppen auf!

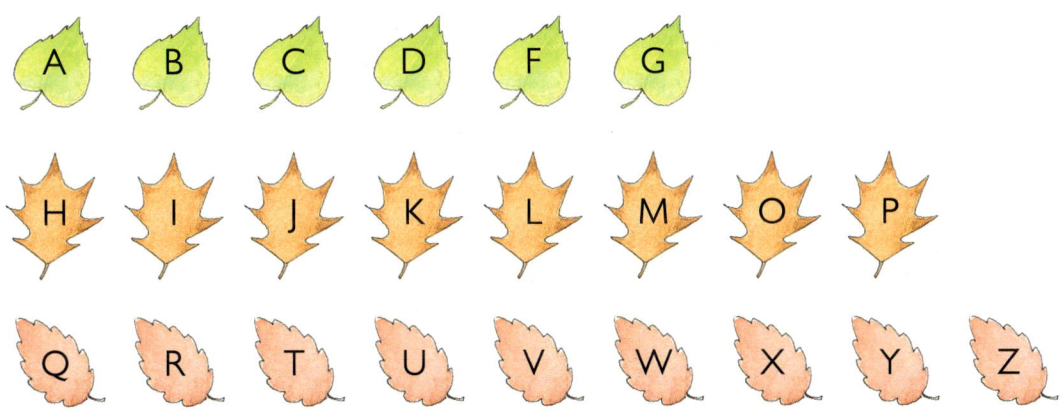

A B C D F G

H I J K L M O P

Q R T U V W X Y Z

2 Welche Buchstaben stehen im Abc davor oder danach?
Schreibe so: B C D, …

C   E   I   L   O   Y

3 Ordne die Namen dieser Kinder nach dem Abc!

Karam   Maria   Paul   Alina   Alexander

4 Ordne die Tiere jeder Zeile nach dem Abc!

Zebra   Affe   Fisch   Katze

Fliege   Hund   Fisch   Affe   Adler

Esel   Ente   Elefant   Eisbär

Wenn die ersten Buchstaben
gleich sind, wird nach dem
zweiten Buchstaben geordnet:
Adler, Affe, …

Mit einem Wörterbuch arbeiten

Wenn man wissen will, wie ein Wort geschrieben wird,
kann man es in einem Wörterbuch nachschlagen.
Die Wörter sind nach dem Abc geordnet.

ABC-*Freunde*

Zu dem Abc
kann man auch
Alphabet sagen.

Am Rand jeder
Seite stehen
Anfangsbuchstaben.

Manche Wörter sind
fett gedruckt.
Sie heißen Stichwörter.

Manche Wörter
sind farbig gedruckt:
Eigenschaftswörter
(Adjektive) sind
zum Beispiel grün.

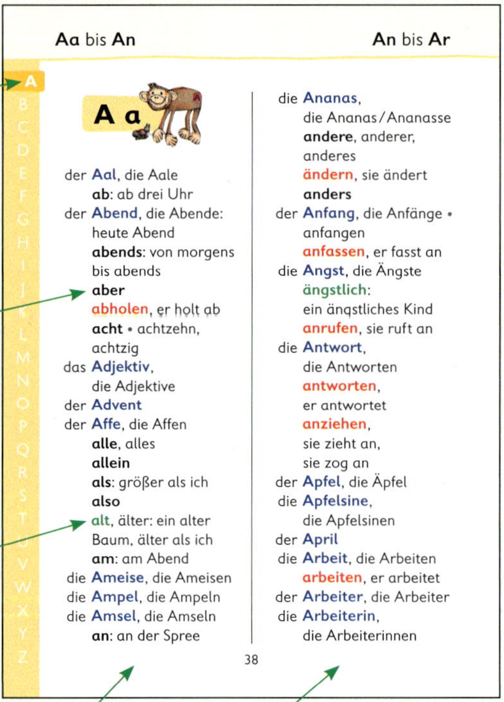

Aa bis **An**   **An** bis **Ar**

A a

der **Aal**, die Aale
ab: ab drei Uhr
der **Abend**, die Abende:
    heute Abend
    abends: von morgens
    bis abends
    aber
    abholen, er holt ab
    acht • achtzehn,
    achtzig
das **Adjektiv**,
    die Adjektive
der **Advent**
der **Affe**, die Affen
    alle, alles
    allein
    als: größer als ich
    also
    alt, älter: ein alter
    Baum, älter als ich
    am: am Abend
die **Ameise**, die Ameisen
die **Ampel**, die Ampeln
die **Amsel**, die Amseln
    an: an der Spree

die **Ananas**,
    die Ananas / Ananasse
    andere, anderer,
    anderes
    ändern, sie ändert
    anders
der **Anfang**, die Anfänge •
    anfangen
    anfassen, er fasst an
die **Angst**, die Ängste
    ängstlich:
    ein ängstliches Kind
    anrufen, sie ruft an
die **Antwort**,
    die Antworten
    antworten,
    er antwortet
    anziehen,
    sie zieht an,
    sie zog an
der **Apfel**, die Äpfel
die **Apfelsine**,
    die Apfelsinen
der **April**
die **Arbeit**, die Arbeiten
    arbeiten, er arbeitet
der **Arbeiter**, die Arbeiter
die **Arbeiterin**,
    die Arbeiterinnen

38

Spalte 1   Spalte 2

Die Wörter sind in zwei
Spalten angeordnet.

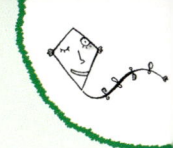

Stichwörter suchen

1 Lies, wie du ein Stichwort im Wörterbuch findest!

Ich achte auf den **Anfangsbuchstaben** des Wortes.

Ich finde den markierten **Buchstaben am Rand**.

Ich lese die **Stichwörter** mit A und a.

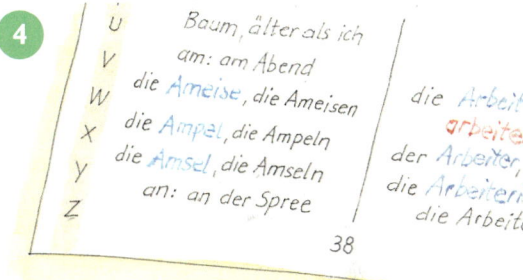

Ich finde das Wort Ampel auf der Seite 38 in der ersten **Spalte**.

 2 Findet im Wörterverzeichnis die Stichwörter!
Schreibt die Seite und die Spalte auf!
anfassen: Seite …, Spalte …
langsam: Seite …, Spalte …
Kopf: Seite …, Spalte

 3 Finde heraus, warum manche Stichwörter
rot, blau oder grün gedruckt sind!

B/b, D/d, G/g am Wortanfang

1 Wie können die Dinge sein?
Schreibe zu jedem Bild ein passendes Adjektiv!
Das Gras ist grün. – das grüne Gras

2 Suche im Wörterverzeichnis die Mehrzahlformen!
der Baum – die Bäume
das Gras – …
der Garten – …
das Dach – …

3 Ordne die Wörter in jeder Zeile
zu einem Aussagesatz!
Denke an den Punkt am Satzende!
⚀ zwei Sätze ⚁ drei Sätze ⚂ alle Sätze

Oma – im Garten – ist
erntet – Gemüse und Obst – sie
ein Vogelhaus – Opa – baut – für den Winter
Anna und ihr Bruder – dürfen – helfen – dem Opa

4 Verwandle die Aussagesätze aus Aufgabe 3 in Fragesätze!
Ist Oma … ?

5 Bilde zu jedem Bild einen Aussagesatz und einen Fragesatz!

W

die Birne
das Brot
der Boden
die Blume
das Gras
das Gemüse
der Garten
das Dach

baden
bauen
dürfen

braun
bunt
grün
blau
gelb

Sch/sch am Wortanfang

1 Setze passende Wörter aus
der Wörterleiste ein!

Man schneidet mit der ...
Der Bruder hat eine ...
Die Sonne ... hell.
Man lernt in der ...

Bruder und Schwester sind Geschwister.

W

die Schwester
die Schule
die Schere

schreiben
schlafen
scheinen
schauen
schneiden

schwarz
schnell
schwer
schön

schon

2 Schreibe die Wortgruppen richtig auf!

im Heft schlafen,
im See schreiben,
im Bett schwimmen

3 Bilde sinnvolle Sätze mit
schlafen, **schreiben** und **schwimmen**!
⚀ Aussagesätze
⚁ Aussagesätze und Fragesätze

4 Schreibe zu jedem Eigenschaftswort (Adjektiv)
den Gegensatz aus der Wörterleiste auf!

hässlich – ... , langsam – ... , leicht – ... , weiß – ...

5 Suche im Wörterverzeichnis weitere Adjektive,
zu denen du das Gegenteil bilden kannst!

6 In dem Übungstext fehlen vier Satzzeichen.
Schreibe den Text mit den Satzzeichen auf!

Die Sonne scheint Sascha und
seine Schwester dürfen
in den Garten Opa schneidet mit der Schere
bunte Blumen ab Wer soll sie bekommen

ZUM ÜBEN

Elfchen

Herbst
bunte Blätter
sie tanzen lustig
ich sehe ihnen zu
Blättertanz

frisch
der Wind
er bläst heftig
ich verliere meine Mütze
Herbstwind

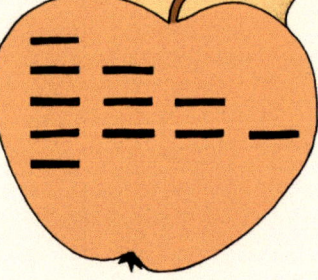

Zähle die Wörter in den Gedichten. Dann weißt du, warum diese Gedichte Elfchen heißen.

 Schreibe ein eigenes Elfchen oder bilde mit diesen Wörtern ein Elfchen!

Drachen

flattern im Wind

Herbst

sie stehen am Himmel

steigen auf

Herbst-Wörter und Herbst-Sätze

N	Nüsse
E	Erntefest
B	Blätter
E	Eichhörnchen
L	Laterne

Nüsse liegen im Gras.
Es ist kühl geworden.
Bunte Blätter fallen.
Ernten wir heute Äpfel?
Laub raschelt auf dem Weg.

Lies NEBEL mal von hinten!

 Suche dir ein Herbstwort: Apfel, Birne, Ernte … Schreibe damit Herbst-Wörter oder Herbst-Sätze wie mit dem Wort **Nebel**.

Miteinander leben

Wir wohnen in einem Haus
und kommen gut miteinander aus.
Zusammen können wir vieles machen,
Fahrrad fahren, essen und lachen.
Wir tragen ein und denselben Namen.
Ich bin froh, meine Familie zu haben.

Was erfahrt ihr über die Familie auf den Bildern?
Sprecht zu den Bildern!

In meiner Familie tut jeder etwas

1 Lies, was Florian über seine Familie schreibt!

Wir sind die Familie Schulz. Zu unserer Familie gehören Mutti und Vati, Oma und Opa, meine Schwester Julia und ich. Wir wohnen in der Blumenstraße 5.

der Vater
die Mutter
die Eltern

der Bruder
die Schwester
die Geschwister

der Opa
die Oma
die Großeltern

2 Wer gehört zu deiner Familie?
Schreibe es auf und male dazu!

3 In Florians Familie will jeder etwas anderes tun.
Setze die passenden Sammelwörter ein!

Papa will Nudeln …
Oma will die Blumen …
Julia will ein Buch …
Florian will mit dem Ball …
Mama will am Computer …

lesen
spielen
kochen
gießen
schreiben

 4 Stellt ohne Worte dar,
was ihr gerne macht!

Im Wörterverzeichnis sind die Verben rot.

Wörter, die sagen, **was** jemand **tut**,
heißen **Tätigkeitswörter (Verben)**.
Im Wörterbuch stehen sie in der **Grundform (Nennform)**.
arbeiten, lesen, spielen

MERKE DIR

eigene Erfahrungen erzählen und aufschreiben;
Verben kennen lernen und pantomimisch darstellen

AH S.18

Familienplan

1 Wer macht was in Florians Familie? Sprecht darüber!

Familienplan im November			
Julia	**Florian**	**Vati**	**Mutti**
Blumen gießen	Mülleimer leeren	Abendessen kochen	Wäsche waschen
Tisch decken	Geschirr spülen	Fenster putzen	Boden wischen

2 Was tun sie? Schreibe Sätze!

🎲 Julia ⬭ die Blumen.

Sie ⬭ den Tisch.

🎲 Florian ⬭ den Mülleimer.

Er ⬭ Geschirr.

🎲 Vati ⬭ ... Er ...

Mutti ⬭ ... Sie ...

gießen
sie gießt
decken
sie deckt
leeren
er leert
spülen
er spült
kochen
er kocht
putzen
er putzt
waschen
sie wäscht
wischen
sie wischt

3 Umkreise alle Tätigkeitswörter (Verben)
in deinen Sätzen! Vergleiche sie mit
der Grundform (Nennform)! Was fällt dir auf?

4 Wer erfüllt welche Aufgaben in deiner Familie?
Schreibe Aussagesätze!

Tätigkeitswörter (Verben) verändern sich im Satz.   **MERKE DIR**
Grundform (Nennform): *kaufen.*
Gebeugte Form (Personalform): *ich kaufe*
kaufen – Ich kaufe Obst. Er kauft Obst.

Grundform (Nennform)   gebeugte Form (Personalform)

Julias Einladung zum Geburtstag

Julia möchte Anna und Paul zu ihrem Geburtstag einladen.
Die Feier findet am 15. November statt und beginnt um 15 Uhr.
Sie darf zu Hause in der Blumenstraße 5 feiern.

1 Anna liest die Einladung, die Julia ihr geschrieben hat.
Was wird Anna noch wissen wollen?

2 Schreibe eine Einladung für Julias Geburtstag!
Die Checkliste hilft dir dabei.

Checkliste für eine Einladung	
Anrede	An wen?
Anlass	Warum?
Tag und Zeit	Wann?
Ort	Wo?
Gastgeber	Wer?

Hallo Lea,
ich lade dich zu meiner
....
am .... herzlich ein.
Komm bitte um ....Uhr!
Die Feier findet in der
.... statt.
Deine Julia

3 Gestalte und schreibe selbst eine Einladung! Wähle den Anlass aus!

adressatenorientiert schreiben:
Merkmale einer schriftlichen Einladung erarbeiten; eine Einladung schreiben

Julias Geburtstagsfeier

1 Spielt, wie die Familie Julia zum Geburtstag gratuliert!

2 Setze die passende Form von **wünschen** ein!
Schreibe die Sätze auf!
⚀ drei Sätze ⚁ fünf Sätze ⚂ alle Sätze

Ich ⬭ dir alles Gute.

Du ⬭ viel Glück.

Florian ⬭ beste Gesundheit.

Wir ⬭ dir ein schönes Fest.

Ihr ⬭ viel Erfolg.

Die Kinder ⬭ viel Spaß.

wünsch**e**
wünsch**st**
wünsch**t**
wünsch**en**

3 Markiere, was bei **wünschen** immer gleich bleibt!

4 Was machen die Kinder auf Julias Geburtstag?

die Kinder   Julia   Max und Flo   Florian

singen
tanzen
lachen
malen
spielen

Hihihi!

5 Schreibe Spiele auf, die du gern auf Geburtstagen spielst!
Erkläre dein Lieblingsspiel!

> **Tätigkeitswörter (Verben)** haben
> einen **Wortstamm** und eine **Endung**.
> *spiel***en** – *Ich* spiel**e** *mit dir. Du* spiel**st** *mit mir.*
>
> Wortstamm   Endung

MERKE DIR

Miteinander üben: Partnerdiktat

1 So könnt ihr zusammen üben. Lest die Anleitung!

1 **Lest** den Text und **markiert** schwierige Stellen!

> Opa wohnt bei uns.

2 **Diktiere** so, dass dein Partner alles richtig schreiben kann!

> Opa wohnt …

3 Ich **helfe** dem Partner. Bei einem Fehler sage ich: „Stopp!"

> Stopp!

4 Wir **kontrollieren** und **berichtigen**.

2 Schreibt ein Partnerdiktat!

⚀ Eine Familie
Oma und Opa, / Mutti und Vati, /
Bruder und Schwester

⚁ Florians Familie
Ich lebe / mit meinen Eltern /
und meiner Schwester / in einem Haus.
Auch Oma und Opa / wohnen / bei uns.

⚂ Julia hat Geburtstag
Der Bruder malt / für Julia / ein Bild.
Mutti hat / eine Tasche / für sie.
Vati bringt Blumen. / Opa und Oma / singen / ein Lied.
Julia bedankt sich / bei ihnen.

> Verabredet vorher, wann ihr wechselt! Beide Partner sind für das Diktat verantwortlich.

Laufdiktat, Klappdiktat, Dosendiktat

1 Lest, wie ihr noch üben könnt!
Probiert die verschiedenen Formen aus!

So schreibst du ein Laufdiktat:

MERKE DIR

Laufe leise zum Text!
Lies leise!
Merke dir einen Teil! Präge dir die Wörter genau ein!
Schreibe ohne Fehler auf, was du dir gemerkt hast!
Übe so alle Sätze!
Prüfe und berichtige!

Merkzettel für ein Klappdiktat:

MERKE DIR

- leise **lesen** und Stolperstellen **markieren**
- den Text außen am Heft **befestigen**
  (Hülle oder Klammer)
- Satz **lesen**, **merken**, Blatt **umklappen**
- Satz ins Heft **schreiben**, **mitsprechen**
- wieder **umklappen**, **prüfen** und **berichtigen**

Merkzettel für ein Dosendiktat:

MERKE DIR

- Sätze **lesen**, Stolperstellen **markieren** und **merken**
- Text in Streifen **schneiden**, mischen, wieder **sortieren**
- Satz **merken**, Streifen in die Dose **stecken**
- **schreiben** und **mitsprechen**
- Streifen aus der Dose holen, **prüfen** und **berichtigen**

Wörter mit V/v

1 Setze **V/v** ein!
Wie klingt der Laut?
Schreibe den Text ab!

Im No▢ember ist es kalt.
▢iele ▢ögel suchen Futter.
▢ater ▢ersucht, ihnen zu helfen.
Er baut ein ▢ogelhaus.

> V/v kann wie F/f oder W/w gesprochen werden.

W

der Vater
der Vogel
der Verkehr
die Vase
der November

versuchen
er versucht

voll
viel
vom
von
vor
vier

2 Wie klingt **V/v** in den Wörtern?
Schreibe sie geordnet auf!

V wie in Vater: ... *V wie in Vampir: ...*

 ulkan

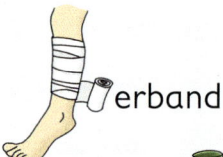 erband

ogel

ase

3 Ergänze in den Sätzen die Wörter
von, voll, viel, vier, vom!

Vater kommt ... der Arbeit.
Der Bus ist ...
Es ist ... Verkehr.
Julia holt Vater um ... Uhr ... Bus ab.

> Wörter mit V v sind **Merkwörter**: Gut einprägen!

4 Bilde Verben (Tätigkeitswörter) mit **ver-** und **vor-**!
Schreibe so: *versuchen, vorspielen, ...*

	suchen		spielen
ver-	schreiben	**vor-**	turnen
	tragen		lesen

5 Finde weitere Verben (Tätigkeitswörter) mit **ver-** und **vor-**!

K/k, P/p, T/t am Wortanfang

✏ **1** Setze passende Wörter der Wörterleiste ein!

die kranke ... besuchen,
braune Haare auf dem ...,
der neue Monat im ...,
ein ... auf der Wiese,
neues ... kaufen,
in der Halle ...

✏ **2** Hier stimmt etwas nicht.
Schreibe die Sätze richtig auf!

Draußen ist heute <u>kleines</u> Wetter.
Ich spiele mit meiner <u>kalten</u> Schwester.
Wir spielen Mutter, Vater und <u>Papier</u>.
Julia holt ihr <u>Kind</u>.

✏ **3** Schreibe die Wörter in der Schlange richtig auf!
Begründe, welche Wörter du großschreiben
oder kleinschreiben musst!
Schreibe so: *die Puppe, kalt, ...*

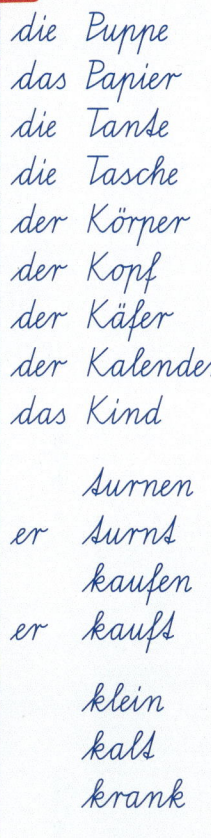

W	
die	*Puppe*
das	*Papier*
die	*Tante*
die	*Tasche*
der	*Körper*
der	*Kopf*
der	*Käfer*
der	*Kalender*
das	*Kind*
	turnen
er	*turnt*
	kaufen
er	*kauft*
	klein
	kalt
	krank

puppekaltpapiertantekalenderkleintaschekindkrankkörper

Hilfe in der Familie
Tante Ina / ist krank.
Kopf und Bauch / tun ihr weh.
Ihr ist kalt. / Die Kinder / helfen.
Das Mädchen / kauft Tee.
Der Junge / holt / Blumen.

ZUM ÜBEN

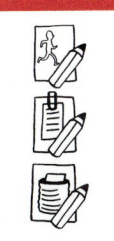

b in der Wortmitte oder am Wortende

1 Schreibe die Sätze ab!
Markiere den Wortstamm bei **üben**!

Ich **üb**e mit dir.
Du **üb**st mit mir.
Er **üb**t allein.
Wir **üb**en zusammen.
Ihr **üb**t auch.
Sie **üb**en heute.

> Hier steckt viel Übung drin!

W

der Dieb	
der Korb	
	arbeiten
er	arbeitet
	üben
sie	übt
	bleiben
er	bleibt
	geben
sie	gibt
	leben
er	lebt

2 Bilde alle gebeugten Formen (Personalformen)
von **arbeiten**!
ich arbeite, du ..., er ..., wir ..., ihr ..., sie ...

3 Verlängere! Bilde die Grundform (Nennform)!
Wie klingt das **b** in den Wortpaaren?
ihr gebt – ...   du bleibst – ...
ihr lebt – ...   du schreibst – ...

> b oder p?
> Verlängere
> das Wort:
> er übt – üben
> die Burg – Burgen

4 Bilde die Einzahl! Die Wörterleiste hilft dir dabei.
Wie klingt das **b** am Ende?
die Diebe – der ...
die Körbe – der ...

5 Bilde alle Formen von **geben**! Was fällt dir auf?
ich gebe, du ..., er ..., wir ..., ihr ..., sie ...

Manchmal klingt das **b** wie **p**: *er ü**b**t, der Kor**b***   **MERKE DIR**
Verlängere das Wort: Wenn du dann **b** hörst, schreibe **b**!
Bilde die Grundform (Nennform): *er ü**b**t – ü**b**en*
Bilde die Mehrzahl: *der Kor**b** – die Kör**b**e*

---

b im Wort: Wortstamm/Endung und Grundform/Personalform von Verben üben;
Rechtschreibstrategie: Verlängerung (Grundform bilden)   **AH** S. 23

g in der Wortmitte oder am Wortende

1 Setze passende Wörter der Wörterleiste ein!

sich nach der Musik ...,
die Hausaufgabe ...,
den Körper gesund ...,
nicht heute, sondern ...,
sich in die Sonne ...,
im Gras ...

2 Welche Wörter der Wörterleiste kannst du nach Silben trennen?
Schreibe so: fra-gen, le-gen, ...

3 Ergänze! Begründe die Schreibung mit der Grundform (Nennform)!

Der Vater fragt das Kind. (fragen)
Das Kind sa▉t die Wahrheit. (...)
Die Uhr schlä▉t vier Uhr. (...)

4 Bilde die Einzahl! Die Wörterleiste hilft dir dabei.
Wie klingt das **g** am Ende?

die Tage – der ...,
die Wege – der ...

5 Ergänze und begründe die Schreibung von

pfle▉t, zei▉t und lie▉t!

W

der Tag
der Weg

     fragen
er fragt
     legen
sie legt
     liegen
er liegt
     zeigen
sie zeigt
     sagen
er sagt
     schlagen
sie schlägt
     bewegen
sie bewegt
     pflegen
er pflegt

     morgen

> **MERKE DIR**
>
> Manchmal klingt das **g** wie **k**: er fra**g**t, der We**g**
> Verlängere das Wort: Wenn du dann **g** hörst, schreibe **g**!
> Bilde die Grundform (Nennform): er fra**g**t – fra**g**en
> Bilde die Mehrzahl: der We**g** – die We**g**e

Familienwappen

Tobias
Vati ist bei der Post.
Mutti ist Polizistin.
Mein Bruder spielt
Fußball.
Ich bin im Ruderverein.

Anna
Mami und ich sind
ein Team.
Mami spielt Klavier.
Ich spiele Gitarre.

⭐ Zeichne ein eigenes Familienwappen!

Familiengeschichten

Im Sommer macht unsere
ganze Familie ein Picknick
auf einer Wiese.
Ich darf meine Freundin
einladen.
Jasmin

Am Sonntag holt mich
Vati meistens ab.
Am liebsten gehe ich
mit ihm zum Angeln.
Felix

Am Samstag gehen wir oft
in den Zoo. Ich habe Tiere
sehr gerne.
Boris

⭐ Was machst du gerne mit deiner Familie?
Erzähle, male oder schreibe es!

Märchenzeit

Kommt alle mit ins Märchenland,
welches allen wohl bekannt!
Diese zauberhafte Welt
allen Kindern gut gefällt.
Ob Hexen oder Zauberer,
alle reisen gern hierher.
Denn hier fürchtet sich kein Kind,
weil das Gute stets gewinnt.

Märchen-
schloss

Wald-
wiese

Hinter
den sieben
Bergen

Bremen

Gasthaus
zum
Einhorn

Dornbusch

Zauber-
brunnen

Welche Märchen erkennst du auf dem Bild?
Woran hast du sie erkannt?

Ein Märchen erzählen

Märchen

Vor sehr langer Zeit gab es noch kein Fernsehen,
keine Computer und auch keine Märchenbücher.
Die Menschen erzählten sich die Märchen.
Märchenerzähler zogen durch das Land.
Vor fast 200 Jahren haben die Brüder Grimm
Märchen gesammelt und aufgeschrieben.

1 Stell dir vor, du bist ein Märchenerzähler!
Erzähle das Märchen Schneewittchen!
Die Bilder helfen dir.

Aufforderungssätze in Märchen

1 Welcher Aufforderungssatz gehört zu welchem Märchenbild?

Lass dein Haar herunter**!**

Öffnet niemandem die Tür**!**

Bring der Großmutter Kuchen und Wein**!**

2 Schreibe die Sätze ab!
Markiere das Ausrufezeichen am Satzende!

3 Bilde selbst Aufforderungssätze!
Kämm ...! Hol ...! Gib ...!
Geh ...! Bring / Lauf ...!

4 Finde in Märchenbüchern Aufforderungssätze!

MERKE DIR

Mit einem **Aufforderungssatz** fordert man
zu etwas auf.
Am Ende steht ein **Ausrufezeichen**. **!**
Das Wort am **Satzanfang** schreibt man immer **groß**.
Ein **Ausrufezeichen** steht auch nach **Ausrufen:** Hallo! Hilfe!
Lauf nicht so schnell! *Komm pünktlich!*

Aufforderungssatz, Ausruf; Satzschlusszeichen Ausrufezeichen kennen lernen
Rechtschreibstrategien anwenden: Satzanfänge großschreiben

AH S. 24/26   47

Ein Märchen spielen

1 Hier sind Märchen durcheinandergeraten.
Schreibe sie auf!
⚀ zwei Märchen   ⚁ vier Märchen   ⚂ alle Märchen

Dorn**puttel**	Stern**stilzchen**
Rot**röschen**	Schnee**taler**
Aschen**käppchen**	Rumpel**wittchen**

2 Welche Märchen kennt ihr noch?

3 Wählt ein Märchen aus, das sich gut spielen lässt!
Gestaltet ein Plakat und sprecht dazu!

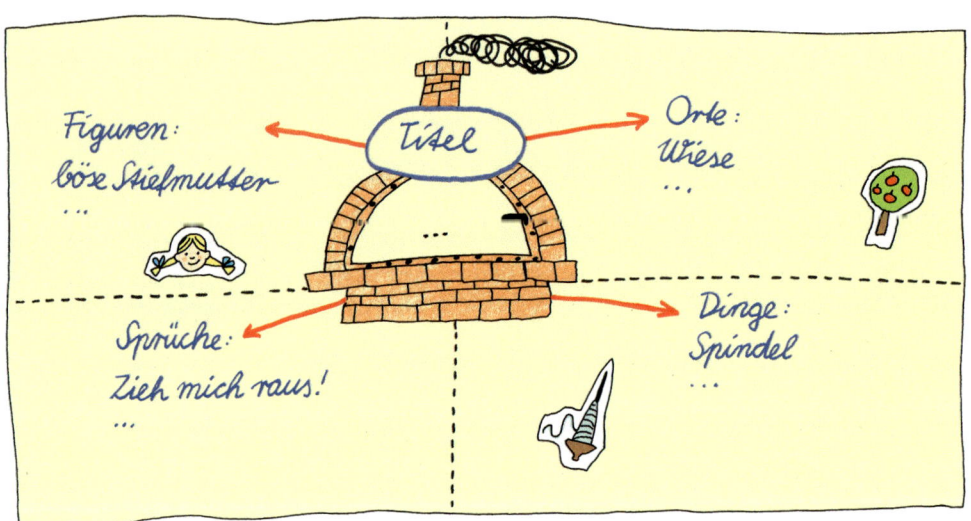

4 Verteilt die Rollen!
Welche Dinge
braucht ihr?

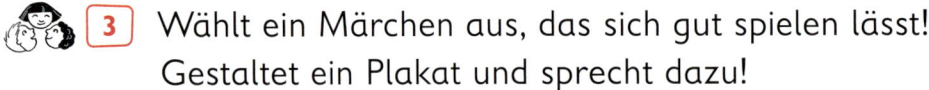

Frau Holle
Stiefmutter: Anna
Goldmarie:
Frau Holle:
Apfelbaum:
Hahn:

Das brauchen wir:
Kopfkissen
Tuch
Äpfel
Brot
Kiste für den Brunnen

5 Lest euer Märchen noch einmal!
Schreibt wichtige Stichpunkte auf!

Apfelbaum voll mit reifen Äpfeln,
Marie schüttelt Baum und legt
Äpfel auf einen Haufen

Wiese mit Blumen,
Backofen voll mit Broten
Marie holt alle heraus

Witwe mit zwei Töchtern,
Marie muss alle Arbeit tun,
Spindel fällt in den Brunnen

Haus der Frau Holle,
Marie schüttelt Bett fleißig,
Schneeflocken fallen

Marie hat Sehnsucht nach Hause,
Goldregen am großen Tor,
Marie kommt nach Hause

6 Denkt euch Gespräche zum Märchen aus und übt sie ein!

7 Spielt vor, was ihr eingeübt habt!

8 Sammelt Märchensprüche aus verschiedenen Märchen!

eine Theateraufführung vorbereiten: Stichpunkte aufschreiben,
Gespräche und Spielszenen entwickeln

Erzähltipps

1 Lies die Tipps für das Erzählen!

1 **Setze deine Stimme ein!**
Sprich:
- deutlich
- mal laut, mal leise
- mal langsam, mal schneller
- gut betont

laut – leise
l a n g s a m – schnell

2 **Setze dein Gesicht ein!**
Schaue deine Zuhörer an!

traurig   wütend

nachdenklich   fröhlich

3 **Nutze deine Hände und den Körper!**

4 **Das kannst du noch beachten:**
Nutze Hilfen: Stichpunkte, Erzählkarten, …!
Sprich in Sätzen!
Bleibe beim Thema!
Erzähle in der richtigen Reihenfolge!

2 Probiere die Tipps aus!

Frudia klamimbola rota.

- Sprich den Spruch ganz langsam, ganz schnell, ganz leise, ganz laut …!
- Sprich den Spruch wie ein mächtiger Zauberer, wie eine hochnäsige Prinzessin, wie …!
- Spiele ohne Stimme einen stolzen König, einen ängstlichen Zwerg, …!

eine Geschichte erzählen: Redemittel und Vortragshilfen strategisch nutzen

Zuhörtipps

1 Lies die Tipps für das Zuhören!

1 **Der Erzähler braucht dich.**
Es ist leichter für den Erzähler, wenn er interessierte Zuhörer hat.

2 **Sei aufmerksam!**
Höre genau zu!

falsch   richtig

3 Sage dem Erzähler, was dir **gut gefallen** hat!

Du hast laut und schön deutlich gesprochen.

4 Sage dem Erzähler, was er noch **verbessern** kann!

Du könntest noch betonter sprechen.

2 Eine Checkliste hilft, damit du dem Erzähler gute Tipps geben kannst.

Man bleibt immer höflich, wenn man dem Erzähler Tipps gibt.

Einsatz der Stimme:	☺	😐	☹
Thomas			
spricht deutlich			
Sprechtempo			
Betonung			

d in der Wortmitte oder am Wortende

1 Schreibe ab und ergänze!
Unterstreiche die Reime!

Der Wind, der Wind,
das himmlische K...

Eine Müllerstochter hold,
kann spinnen Stroh zu G...

Spieglein, Spieglein an der Wand,
wer ist die Schönste im ganzen L...

W

das Bild
das Kleid
die Hand
der Sand
das Geld
das Feld
der Wind
das Kind
der Hund

gesund
fremd
sind
und

2 Reime weiter!
das Geld,
der Held
...

3 Bilde die Einzahl! Die Worterleiste hilft dir dabei!

Mehrzahl	Einzahl
die Bilder	das Bild
die Kleider	das ...
die Felder	...
die Kinder	...

4 Lies die Wörter in der Einzahl!
Wie klingt das **d** am Ende? Begründe die Schreibung!

> Manchmal klingt das **d** wie **t**: frem**d**, das Bil**d**   **MERKE DIR**
> Verlängere das Wort: Wenn du dann **d** hörst, schreibe **d**!
> Verlängere so: das Bild – die Bilder, fremd – fremde

Wörter mit ch

1 Lies die Wörter der Wörterleiste!
Sprich deutlich! Wie klingt **ch**?

2 Schreibe ab und ergänze **ch**!

⚀ Aus dem Märchenbu▢
Welches Mäd▢en will mit einem Ku▢en
die Großmutter besu▢en?

⚁ Wen schneidet der Jäger au▢
aus des Wolfes Bau▢ heraus?

⚂ Nun gebt fein a▢t,
welche To▢ter hat in der Na▢t
aus Stroh Gold gema▢t?

3 Was ist bei den sieben Zwergen alles klein?
Schreibe so: *das Stühlchen – der Stuhl, …*

„Wer hat auf meinem Stühl<u>chen</u> gesessen?"
„Wer hat von meinem Teller<u>chen</u> gegessen?"
„Wer hat von meinem Bröt<u>chen</u> genommen?"

4 Schreibe auf, welche Dinge mit **-chen** und **-lein**
im Zwergenhaus sein könnten!
das Hemdchen, …

W

das Buch
der Bauch
die Nacht
das Mädchen
die Tochter
das Licht

machen
sie macht

noch
auch
doch
acht

Aus dem Märchenbuch
Besuche die Großmutter / im Wald!
Bringe ihr auch noch / Wein und Kuchen!
Achte auf den Weg!
Komm doch herein / mein Kind!
Wie geht es weiter?
Wer schneidet dem Wolf / den Bauch auf?

ZUM ÜBEN

Wörter mit ch: auf lautliche Unterschiede achten; Diminutiv (-chen, -lein) verwenden;
Lauf-, Klapp- oder Dosendiktat zum Üben nutzen

53

Stabpuppen für Märchen

Ich bastele „Die Bremer Stadtmusikanten".

 Bastelt für ein Märchen Stabpuppen und spielt es vor!

Ideen für ein Märchenfest

Keks-Hexenhaus bauen

Märchen-Singspiele aufführen

Märchen vorlesen

Rapunzel-Turm basteln

 Sammelt Ideen für ein Märchenfest!

Im Winter

Es schneit, hurra, es schneit!
Schneeflocken weit und breit!
Ein lustiges Gewimmel
kommt aus dem grauen Himmel.

Volksgut

Winterzeit – Weihnachtszeit!
Worauf freust du dich?

Im Schnee spielen

1 Erzähle zu den Bildern!

die Schneekugel
der Schneemann
die Schneefrau
der Schlitten
die Sonne
die Möhre

rollen
holen
bauen
scheinen
schmelzen
fressen

weiß
kalt

2 Finde eine passende Überschrift für die Geschichte!

3 Schreibe zu den Bildern!

⚀ je einen Satz
⚁ je zwei Sätze
⚂ eine Geschichte

4 Stelle deine Sätze oder deine Geschichte vor!

5 Schreibe eine eigene Wintergeschichte!

Vögel im Winter

1 Lies den Text!

Die meisten Vögel brauchen nur an sehr kalten Wintertagen
Vogelfutter von Tierfreunden.
Das Futter im Futterhaus oder am Futterplatz
darf nicht feucht werden, damit die Vögel nicht krank werden.
Auch sollte der Futterplatz so stehen,
dass sich eine Katze nicht so schnell heranschleichen kann.

2 Was muss man beim Füttern der Vögel im Winter beachten?

3 Lies das Gespräch! Warum muss Lukas nachfragen?

Gibst du mir bitte das Futter, Lukas?

Das Vogelfutter oder das Fischfutter?

4 Bilde zusammengesetzte Namenwörter (Substantive) mit **Futter**!
das Tierfutter, ...

das Tier   das Haus

das Futter

der Vogel   der Ring

Ich mag am liebsten Hundefutter!

5 Erkläre die zusammengesetzten Wörter in Aufgabe 4.
Schreibe so: *Tierfutter ist Futter für Tiere.*

Mit **zusammengesetzten Namenwörtern**   **MERKE DIR**
(Substantiven) kann man etwas genauer bezeichnen.
Vergleiche: *Die Kinder haben einen **Mann** gebaut.*
          *Die Kinder haben einen **Schneemann** gebaut.*

Ich wünsche mir zu Weihnachten …

1 Was wünschen sich die Kinder?
Sage deine Meinung dazu!

*Lieber Weihnachtsmann,
ich habe einen ganz, ganz
großen Wunsch. Jakob soll
mich nicht mehr
ärgern.
Das wünscht sich
Paul*

*Lieber Weihnachtsmann,
ich wünsche mir so sehr
eine Ritterburg mit Zugbrücke.
Viele liebe Grüße
Alexander*

*Ich wünsche mir zu
Weihnachten für alle
Kinder mehr zu essen und
dass sie spielen können.
Sonst nix.
Annabell*

2 Schreibe einen eigenen
Wunschzettel oder Wunschbrief!

3 Ordne die Wörter in eine Tabelle!
Unterstreiche immer den Wortstamm!

backen	wünschen
die Bäckerei	der Wunschbrief

der Backofen   die Wünsche   der Wunschbrief

die Bäckerei   das Gebäck   das Backrezept

der Wunsch   der Glückwunsch

Wörter mit **gleichem Wortstamm** gehören
zu einer **Wortfamilie**.

MERKE DIR

Wortfamilie wünschen   **Wortfamilie backen**

	wünsch	en		back	en
der	Wunsch		der	Bäck	er
der	Wunsch	zettel	der	Back	ofen
ge	wünsch	t	ge	back	en

Wortstamm   Wortstamm

sich mit eigenen Wünschen und denen anderer auseinandersetzen;
einen Wunschzettel schreiben; Wortfamilien kennen lernen

AH S.31

Leckeres zu Weihnachten

1 Lies, wie man Plätzchen backt!

Zutaten für Plätzchen
500 Gramm Mehl
250 Gramm Butter
200 Gramm Zucker
2 Eier
etwas Zitronenaroma
½ Päckchen Backpulver

Zutaten bereitstellen

alle Zutaten vermischen

den Teig kneten und ausrollen

die Plätzchen ausstechen

das Backblech in den Ofen schieben

2 Bilde aus den Stichpunkten zum Rezept Sätze!
Schreibe auf, wie du Plätzchen backst!
Verwende unterschiedliche Satzanfänge!
Zuerst stelle ich alle Zutaten bereit.
Dann vermische ...
Danach ...

zuerst
dann
danach
als Nächstes
nun
zuletzt

3 Erkläre anhand der Bilder, wie man Apfelmännchen bastelt!
Verwende unterschiedliche Satzanfänge!

Wörter mit kurzen oder langen Selbstlauten

1 Achte bei jedem Wortpaar auf den farbigen
Selbstlaut! Klingt er kurz oder lang?

 Gras – Ball 　Nebel – Hemd

 Schuh – Busch 　 Regen – Hecke

　Ohr – Sonne 　Bruder – Mutter

2 Schreibe die Wortpaare von Aufgabe 1 auf!
Markiere die kurzen Selbstlaute (.)
und die langen Selbstlaute (_)!
das Gras – der Ball, …

3 Lies den Text! Achte auf die farbigen Selbstlaute!
Werden sie lang oder kurz gesprochen?

Alle essen gerne Plätzchen.
Zuerst muss man Butter, Zucker, Eier und Mehl
mischen, den Teig kneten und ausrollen.
Anschließend kann man Plätzchen ausstechen.
Zum Schluss kommen sie in den Ofen.

4 Ordne die Wörter mit den farbigen Selbstlauten!
langer Selbstlaut: Mehl, …　　*kurzer Selbstlaut: essen*

5 Sprich die Wörter einer Zeile und achte auf die ersten Selbstlaute!
Wie klingen sie? Finde in jeder Zeile das schwarze Schaf!

das Muster　die Suppe　der Bruder　der Hund

die Butter　die Mutter　die Kunst　die Schule
die Hecke　das Hemd　der Regen　das Essen

Ein Beispiel, das nicht zu den anderen passt, nenne ich ein schwarzes Schaf!

W

das Gras
der Ball
der Regen
der Nebel
das Hemd
die Hecke
das Ohr
die Sonne
der Schuh
der Busch
der Bruder
die Mutter

　essen
er　isst
　rollen
er　rollt

6 Lies jedes Tätigkeitswort (Verb) aus der Wörterleiste vor!
Wie sprichst du die farbigen Selbstlaute im Wort?

W

fallen
er fällt
kommen
er kommt
müssen
er muss
wollen
er will
finden
sie findet
suchen
sie sucht
holen
er holt
rufen
sie ruft
malen
sie malt

7 Was spielen die Kinder auf dem Bild?
Setze passende Tätigkeitswörter (Verben) ein!
Markiere immer den kurzen (.)
oder langen (_) Selbstlaut!

Tim ⟨holt⟩ eine alte Mütze für den Schneemann.

Anna ◯ : „Ich ◯ !"

Dann ◯ sie Max.

Jonas ◯ vom Schlitten.

Lena ◯ ein Herz in den Schnee.

Ich muss
die Grundform
suchen!

8 Wie findest du diese gebeugten Formen im Wörterverzeichnis?
er malt, sie ruft, er holt, er findet, sie kommt, sie sucht
Schreibe so: *malen – er malt, …*

kurze und lange Vokale voneinander unterscheiden; passende Verben in einen Text einsetzen;
Personalformen von Verben im Wörterverzeichnis finden

61

Wörter mit ck

ck steht nur nach kurzem Selbstlaut.

1 Lies die Wörter der Wörterleiste!
Wie klingen die Selbstlaute vor **ck**?

2 Schreibe die Sätze vollständig auf!
Ein Rock für den Sommer ist ein …
Eine Dose für Zucker ist eine …
Eine Decke für den Tisch ist eine …

Trenne nie **ck**!

3 Welche Wörter aus der Wörterleiste
kann man trennen?
Zu-cker, …

4 Schwierige Weihnachtswörter!

Weihnachtspäckchen   Weihnachtsmann

Weihnachtsbaum   Weihnachtsgeschenk

Weihnachtsschmuck

Kannst du
- die zwei Weihnachtswörter mit **ck** richtig abschreiben?
- zwei Weihnachtswörter aus dem Gedächtnis richtig aufschreiben?
- einen Text mit allen Weihnachtswörtern schreiben?

W

der Rock
der Zucker
der Rücken

backen
sie bäckt
decken
du deckst
lecken
er leckt
drücken
er drückst
packen
ich packe
merke:
das Paket.

Kleine Bäcker

Anna und Lisa / backen Kuchen.

Sie lecken / die Schüssel aus.

Nun decken sie / den Tisch.

Jetzt fehlt nur noch / der Zucker / für den Tee.

ZUM ÜBEN

Wörter mit ck: Vokallänge ermitteln, Trennungsregeln beachten, richtig (ab)schreiben;
Lauf-, Klapp- oder Dosendiktat zum Üben nutzen

Wörter mit ä

1 Finde verwandte Wörter mit **A/a**!
Markiere **Ä/ä** und **A/a** in den Wortpaaren!

Äpfel – Apfel, ...

- Äpfel – A...
  Äste – A...
  Blätter – Bl...
- Wärme – w...
  Träger – t...
  Kälte – k...
- Erkältung – ...
  Behälter – ...
  Gärtnerei – ...

Äpfel mit Ä
wegen
Apfel!

W

der	Apfel
die	Äpfel
der	Ast
die	Äste
das	Blatt
die	Blätter
	halsen
er	hälst
	tragen
er	trägt
	kalt
die	Kälte
	warm
die	Wärme

2 Finde im Wörterverzeichnis die Mehrzahlformen!
Markiere in den Wörtern **ä** und **a**!

 die Bank – ...  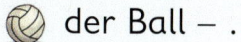 der Ball – ...

der Mann – ... 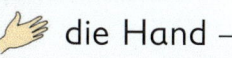 die Hand – ...

der Saft – ...  der Zahn – ...

3 Setze **ä** oder **e** richtig ein und kontrolliere mit dem Wörterbuch!
Begründe deine Schreibung!

Das Auto h▢lt an. Sie d▢ckt den Tisch.

4 Begründe die Schreibung!
**die Welt – die Wälder, die Quelle – quälen,
der Bäcker – das Becken**

> Schreibe **ä**, wenn es ein verwandtes Wort   **MERKE DIR**
> mit **a** gibt:
> *die Äpfel – der Apfel, das Päckchen – packen, die Wärme – warm*

Wintergeschichte

Falte das Blatt wie ein M!

⭐ Schreibe eine Wintergeschichte!

Weihnachtskarten

⭐ Schreibe Weihnachtskarten für liebe Menschen!

Das tut mir gut

Ein **F** ist allein,
lädt das **R** zu sich ein,
noch ein **E** kommt hinzu,
kurz danach auch das **U**.
Steht ein **N** vor dem Haus,
holt die vier sich raus.
Meint das mitgebrachte **D**:
„Kommt, wir gehen zum **E**!"

Regina Schwarz

Was erleben die Freunde auf den Bildern? Erzähle!

Wie Freunde sein können

1 Möchtest du mit dem Jungen auf dem Sprungturm befreundet sein?
Begründe deine Meinung!

Hier bin ich!
Ich springe jetzt
vom höchsten Sprungbrett
der Welt.
Ich bin der Größte!
Mutig wie Supermann!

stark
freundlich
klug
nett
hilfsbereit
fleißig
schüchtern
witzig
mutig
frech
ehrlich
lügt

tröstet mich,
petzt nicht,
schlägt oft,
gibt nichts ab,
hilft bei den
Hausaufgaben,
beschützt mich,
schreit immer

 2 Wie sollte dein Freund oder deine Freundin sein?
Wie sollten Freunde nicht sein?
Schreibe so: *Mein Freund sollte …*
Meine Freundin sollte …

Ich mit dir
und du mit mir,
das sind wir.

 3 Was gefällt dir an einem Kind aus deiner Klasse
besonders? Beschreibe es genau!
Lies deinen Text vor und lass die anderen raten!

Bild als Erzählanlass nutzen, eine eigene Meinung äußern und begründen;
eigene Anforderungen formulieren und aufschreiben

Freunde schreiben sich

Benni ist in eine andere Stadt gezogen.
Er will aber mit seinem Freund Daniel in Kontakt bleiben.
Sie schreiben sich.

1 Lies Bennis Brief und sage, was er Daniel mitteilt!

die	Post
der	Brief
der	Gruß
	grüßen
es	grüßt dich
	dir
	dein
	deine
	euch
	euer

Ort, Datum → Wittenberg, 13. März 20...

Anrede → Hallo Daniel,

mir geht es gut. Die Kinder in meiner neuen Klasse sind nett.

Was wir mitteilen → Wir spielen oft gemeinsam Fußball. Besuch mich doch in den nächsten Ferien! Meine Eltern erlauben es.

Grüße → Es grüßt dich

Unterschrift → dein Benni

Benni Rohde
Am Wallberg 31
06889 Wittenberg

Daniel Schmitt
Wasserweg 17
19053 Schwerin

2 Daniels Antwortbrief ist durcheinandergeraten.
Überlegt, wie ihr die Textteile ordnen könnt!

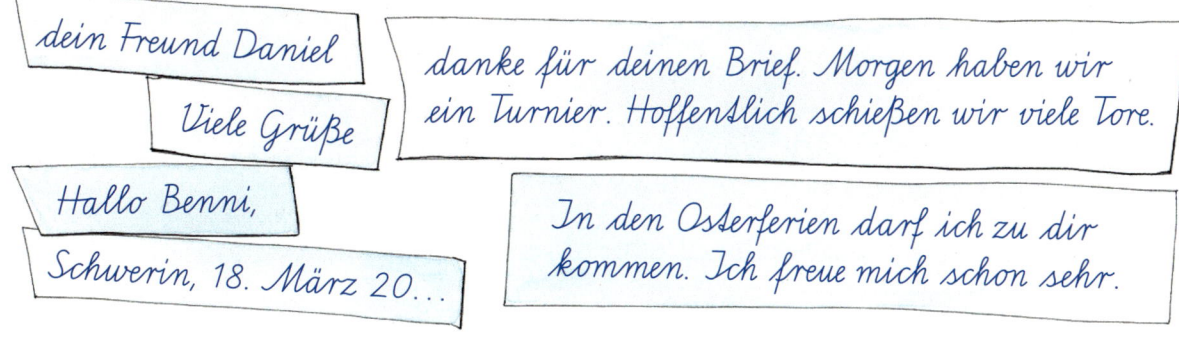

dein Freund Daniel

Viele Grüße

Hallo Benni,

Schwerin, 18. März 20...

danke für deinen Brief. Morgen haben wir ein Turnier. Hoffentlich schießen wir viele Tore.

In den Osterferien darf ich zu dir kommen. Ich freue mich schon sehr.

3 Schreibe den Brief in der richtigen Reihenfolge auf!

4 Schreibe selbst einen Brief an einen Freund oder eine Freundin!

Freunde streiten und vertragen sich

1 Lies die Geschichte!

Marie und Jule machen alles zusammen:
Sie gehen früh gemeinsam zur Schule,
sie sitzen in der Klasse nebeneinander,
sie lernen zusammen und
in der Pause sind sie unzertrennlich.
Sie sind eben beste Freundinnen.

Seit ein paar Tagen ist alles anders.
Jule spielt jetzt viel mit Emma.
Sie kichern und tuscheln miteinander.
Wenn Marie dazukommt,
sind sie still und reden nicht mit ihr.
Gestern ist Jule nach der Schule sogar
mit Emma nach Hause gegangen.

Heute wollte sich Jule
einen Stift von
Marie ausleihen.
Aber Marie wurde
plötzlich wütend …

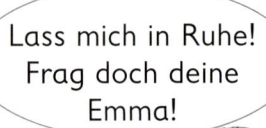
Lass mich in Ruhe! Frag doch deine Emma!

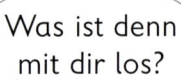
Was ist denn mit dir los?

2 Wie fühlen sich die Kinder?

3 Hast du schon einmal eine ähnliche Situation erlebt?
Erzähle!

 4 Wie könnten die Kinder ihr Problem lösen?
Überlegt gemeinsam und spielt eure Ideen
den anderen Kindern vor!

einen Text als Gesprächsanlass für eigene Gefühle und Gedanken nutzen;
Lösungsvorschläge erarbeiten und szenisch darstellen

Sich entschuldigen

1 Manchmal muss man Freunde um Verzeihung bitten.
Sieh dir die Bilder genau an!
Was ist passiert?

Daniel hat Pauls Auto
aus Versehen
kaputt gemacht.

Maria hat Karam
fast umgerannt.

Alina hat Jule mit
dem Ball am Kopf
getroffen.

 2 Wie könnten sich die Kinder entschuldigen?

3 Manchmal ist es auch gut, sich schriftlich zu entschuldigen.
Wähle ein Bild aus und schreibe einen Entschuldigungsbrief!

Entschuldigung!
Es tut mir leid.
Verzeihung!

4 In welchen Situationen muss man sich noch entschuldigen?
Wählt eine Situation aus und spielt sie vor!

zu spät kommen   Heft vergessen   …

Mit dem Computer arbeiten

Am Computer kannst du schreiben, spielen, lernen, dich informieren …
Dazu musst du wissen, wie du ihn bedienen kannst.

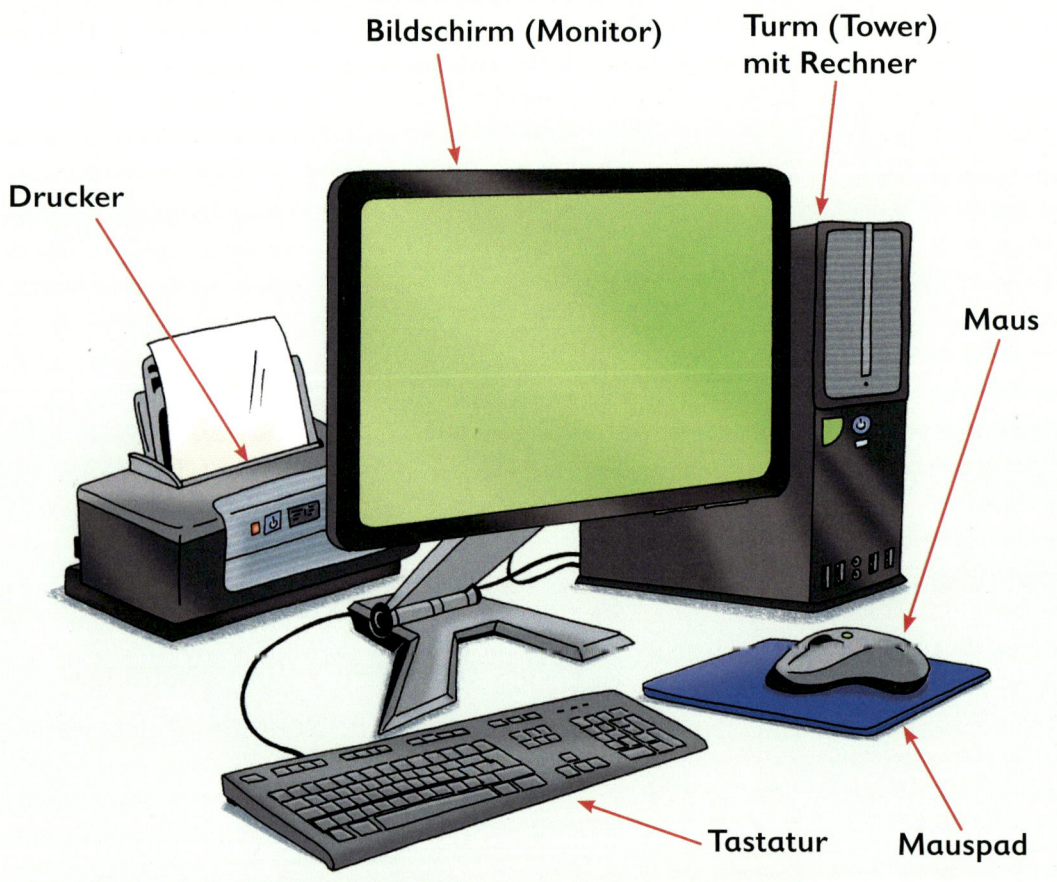

Bildschirm (Monitor)

Turm (Tower) mit Rechner

Drucker

Maus

Tastatur

Mauspad

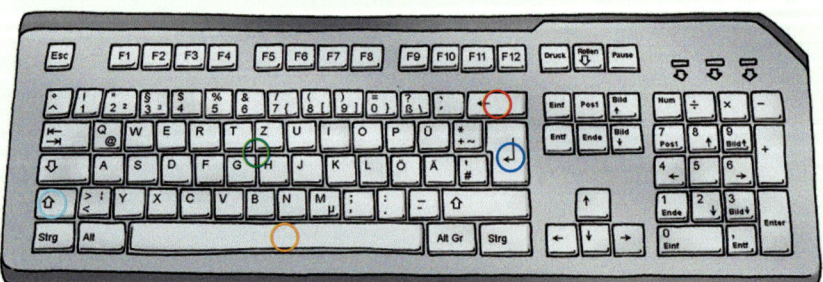

○ **Zeichentasten**
Damit schreibst du.

○ **Löschtaste**
Damit kannst du
Buchstaben
„ausradieren".

○ **Umschalttasten**
Damit kannst du zwischen
großen und kleinen Buchstaben
umschalten oder Zeichen wie
!, ? und **:** schreiben.

○ **Leertaste**
Damit bekommst du
einen Abstand
zwischen zwei Wörter.

○ **Eingabetaste
(Entertaste)**
Damit kannst du
eine neue Zeile
beginnen.

Am Computer schreiben

So arbeitest du am Computer:

- Schalte den Computer ein!
  Drücke dazu auf den Startknopf!

- Klicke mit der Maus zweimal auf das Symbol
  deines Schreibprogramms!

- Wähle eine Schriftart und eine Schriftgröße aus,
  die dir gefällt!

- Schreibe nun deinen Text!
  Denke zwischendurch immer daran, zu speichern!

- Zum Schluss kannst du den Text ausdrucken.

1 Schreibt Georgs Brief mit dem Computer ab!

Liebe Nora,

es tut mir leid, dass ich deinen neuen Schtift kaputt
gemacht habe. Ich wollte es nicht. Aber er ist mir
heruntergefallen. Ich würde dir gern einen Schtift von
mir schenken.
Bitte sei mir nicht mer böse!
Georg

Wie sieht das denn aus?

2 Gestalte den Brief!
Wähle dazu eine andere **Schriftart** und **Schriftgröße** aus!

3 Kontrolliert noch einmal, ob alle Wörter richtig geschrieben sind!
Druckt den Brief aus!

Wörter mit Sp/sp oder St/st am Wortanfang

1 Lies die Wörter der Wörterleiste! Wie sprichst du **Sp/sp** und **St/st** am Wortanfang? Was schreibst du am Wortanfang?

2 Ordne die Wörter aus der Wörterleiste in eine Tabelle ein:

Sp / sp	St / st
...	...

3 Ergänze Namenwörter (Substantive) der Wörterleiste!
Markiere in allen Wörtern **St/st** und **Sp/sp**!

durch die 🏙 spazieren

den roten ✏ spitzen

über die 🟦 springen

4 Ergänze Tätigkeitswörter (Verben) der Wörterleiste!
Amelie ... für ein neues Fahrrad.
Erik ... die Teller auf den Tisch.
Die Jungen ... zusammen Fußball.

5 Bilde zusammengesetzte Namenwörter (Substantive)!

Schule   Stunde   Plan

6 Finde möglichst viele Wörter der Wortfamilie **spielen**!

W

der Spaziergang
der Sport
die Stadt
die Stange
der Stift
die Stunde

sparen
sie spart
spielen
sie spielt
stellen
sie stellt

spät
spitz
still

Du sprichst und hörst ⟨schp⟩ und ⟨scht⟩, musst aber **sp** und **st** schreiben.
*sp*ielen, die **Sp**inne, **st**ehen, der **St**ock

MERKE DIR

Sp/sp oder St/st am Wortanfang: Phomem-Graphem-Zuordnung bewusst machen;
Wortfamilien nutzen

AH S.36

Wörter mit ch oder sch

1 Finde die Reimwörter in der Wörterleiste!
Schreibe sie auf!

das Licht   der Teich   ich
das G...   r...   m...
n...   w...   s...

2 Was die Kinder werden möchten:

Olaf (möchte) Lehrer werden.

Katja ◯ Köchin werden.

Susann und Paul ◯ Sänger werden.

Was ◯ du werden?

3 Wo findest du **frisch**, **leicht** und **rechts**
im Wörterverzeichnis?
Schreibe so: _frisch_   Seite:...   Spalte:...

4 Setze Verben aus der Wörterleiste
in der richtigen Form ein!

Michael ◯ sich einen Hund.

Luise ◯ eine schwere Aufgabe.

Vati ◯ meine Hose.

W

das Gesicht

mögen
er   möchte
rechnen
er   rechnet
wünschen
er   wünscht
waschen
er   wäscht

frisch
reich
weich

ich
sich
mich
nicht

Lieber Stefan,
ich möchte mit dir / Fußball spielen.
Papa stellt / im Garten / ein Tor auf.
Frische Sportsachen / habe ich für dich.
Ich freue mich auf dich.
Dein Freund Boris

ZUM ÜBEN

Freundschaftsbänder (Bänder für Freunde)

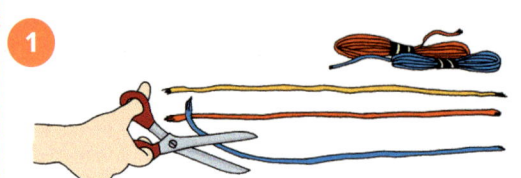

1 Schneide dir drei gleich lange Wollfäden zurecht!

2 Verknote sie am oberen Ende und befestige sie zum Beispiel an einem Stuhl!

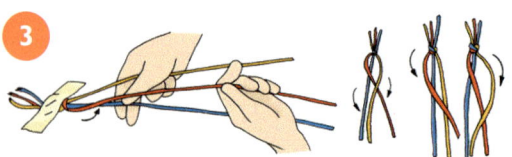

3 Lege nun den linken Faden über den mittleren, danach den rechten Faden über den mittleren!

4 Flechte die Fäden so lange, bis du die gewünschte Länge erreicht hast, und verknote sie!

 Lies die Anleitung und stelle ein Freundschaftsband her!

Kleine Freundschaftsgeschenke

Schreibe einen Brief. Rolle ihn zusammen und binde ihn mit einer Schleife zusammen.

Bemale einen Stein. Verziere ihn mit einem hübschen Schleifenband.

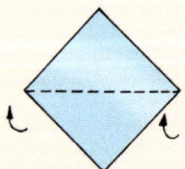 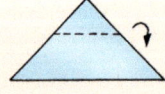  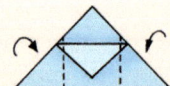 

Falte einen kleinen Briefumschlag!
Du kannst einen Brief oder etwas anderes hineintun.

 Diese kleinen Freundschaftsgeschenke kannst du einem Freund oder einer Freundin schenken.

produktionsorientiert zum Thema „Freunde" arbeiten:
nach einer (bildlichen) Anleitung selbst ein Freundschaftsgeschenk herstellen

Im Frühling

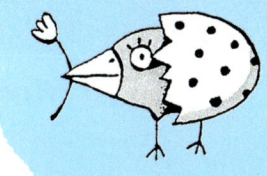

Erst kommt der Star zurück,
ein Weilchen danach
kommt auch das blaue Veilchen.
Es blüht versteckt.
Wer es entdeckt,
den hat der Frühling aufgeweckt.

Heinz Kahlau

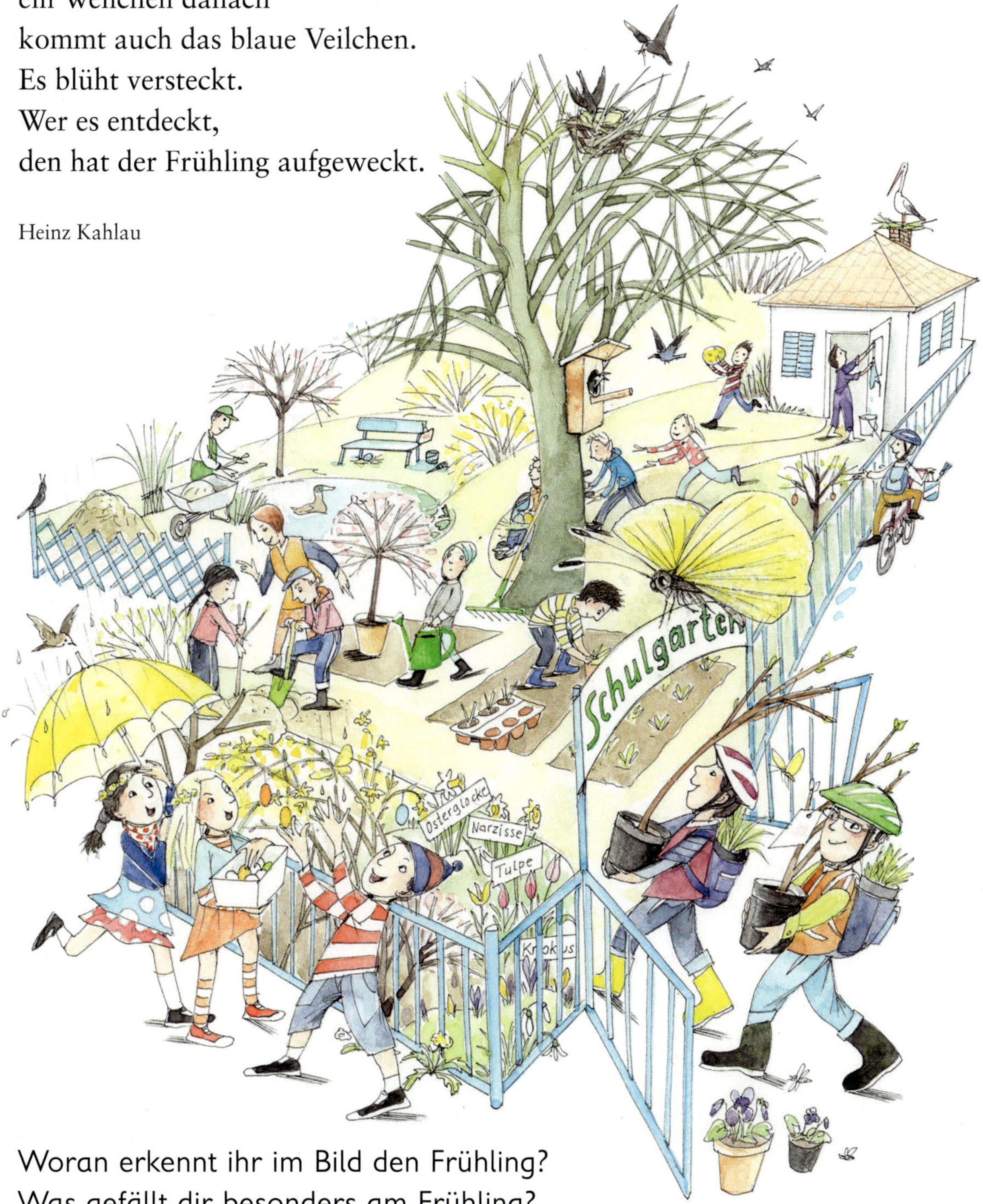

Woran erkennt ihr im Bild den Frühling?
Was gefällt dir besonders am Frühling?

Bild und Gedicht als Erzählanlass nutzen: Anzeichen des Frühlings sammeln und eigene Gefühle beschreiben

AH S. 40

Ein kleiner Käfer entdeckt den Frühling

1 Lies den Text!

Der kleine Käfer gähnte und blinzelte
mit den Augen. Ein Sonnenstrahl
hatte ihn aus seinem tiefen Winterschlaf
wachgekitzelt. Etwas war anders als sonst.
Er reckte und streckte die kleinen
Käferbeinchen und krabbelte vorsichtig
aus seiner Mooshöhle. Mit seinen Fühlern
spürte er die angenehm warme Luft.

Wie hatte sich die Welt verändert,
seit er sich im Herbst verkrochen hatte.
Überall entdeckte er bunte Farbtupfen.
Schneeglöckchen, Krokusse und
Blausterne öffneten ihre Blüten.
An den Bäumen zeigten sich erste
zarte grüne Blätter. Der kleine Käfer
hörte das Summen der Bienen und
lautes Vogelgezwitscher. Ganz tief
atmete er den süßen Duft der
Blüten ein.

„Schön", dachte der kleine Käfer und reihte sich
glücklich in das Schwirren, Brummen und Summen ein.

2 Wie merkt der Käfer, dass der Frühling da ist?
Finde die Stellen im Text!

3 Warum freut sich der Käfer so sehr über den Frühling? Begründe!

4 Wie hast du in diesem Jahr den Frühling entdeckt? Erzähle!

Textaussagen und Fragestellungen mit Textstellen belegen;
eigene Gedanken und Erlebnisse situationsangemessen erzählen

Wir pflanzen im Garten

1 Mit diesen Wortbausteinen
kannst du neue Wörter bauen.
Schreibe nur sinnvolle Wörter auf:

Wortbausteine
verändern die
Bedeutung.

pflanzen: umpflanzen, ...   *graben: aus...,*
schneiden: ausschneiden, ...   *pflücken: ...*

2 Ordnet den Bildern die Wörter
umpflanzen, **einpflanzen** und **bepflanzen** passend zu!

3 Setze die Tätigkeitswörter (Verben) aus Aufgabe 2
in der richtigen Form ein! Was stellst du fest?

Das kleine Bäumchen bekommt nicht genug Sonne.

Deshalb ◯ es die Kinder ◯.

Boris und Julia ◯ das Bäumchen wieder ◯.

Die anderen Kinder ◯ ein Beet mit Blumen.

---

aus, ein, an, um, ver- und **be-** sind **Wortbausteine**. **MERKE DIR**
Man kann mit ihnen neue Wörter bauen:
*pflanzen – **ein**pflanzen, stecken – **ein**stecken*

Frühling im Garten

1 Wie heißen diese Frühblüher?

das Schneeglöckchen
die Tulpe
der Krokus
die Osterglocke

blau
rot
gelb
weiß

2 Ordne den Blumen Farben zu!
Schreibe so: *Die Krokusse sind … und …*

3 Antonia hat mit ihren Frühlingswörtern
eine Geschichte geschrieben.
Lies die Geschichte!
Was gefällt dir, was gefällt dir nicht?

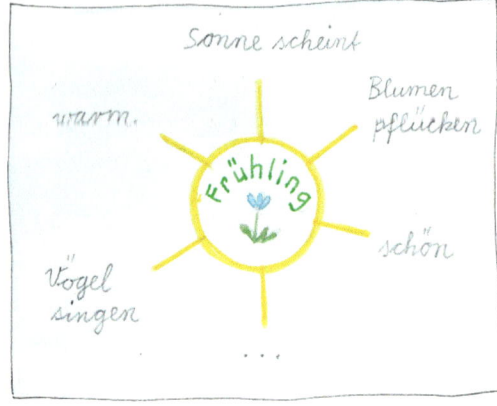

Endlich Frühling!
Die Sonne scheint. Es ist schön warm.
Im Garten blühen schöne Blumen.
Ich sehe Osterglocken, Tulpen und
Krokusse. Ich pflücke einen
schönen Strauß.
Die Vögel sind auch wieder da.
Sie singen schön.

4 Sucht andere passende Wörter
für das Wort **schön**!
Lest nun mit den neuen Wörtern
Antonias Geschichte vor!

schön,
schön,
schön
…

5 Was kann man im Frühling
draußen wieder tun?
Sammle Wörter!

mit Adjektiven treffend beschreiben; einen Text mithilfe abwechslungsreicher Adjektive
überarbeiten; eine Wörtersammlung anlegen

Ein Baum erzählt

1 Lies den Text! Setze passende
Eigenschaftswörter (Adjektive) ein!

Häufig stehe ich in Parks.
Ich werde bis zu 25 m … und habe eine … Krone.
Meine … Äste tragen im Mai
Blätter mit … Stielen und Blütenkerzen.
Die Blüten sind … oder … .
Meine Wurzeln dringen … in die Erde ein.
Aus meinem … Holz wurden früher Holzschuhe
geschnitzt und Klaviergehäuse gebaut.

hoch
breit
dick
lang
weiß
rosa
tief
weich

2 Wie heißt der Baum?
Schreibe den Namen als Überschrift in dein Heft!

3 Schreibe den Text ab!
⚀ die ersten drei Sätze   ⚁ alle Sätze

4 Schreibe eine Geschichte! Wähle dir einen Anfang aus
oder denke dir selbst einen aus!

Ich bin Bens Fußball.
Den ganzen Winter über
habe ich im Regal gelegen.
Endlich …

Ich bin eine Schnecke. Seit
dem Herbst habe ich in
meinem Schneckenhaus
geschlafen. Jetzt …

Ich bin Steffis Schlitten.
Immer wenn Schnee lag,
war ich mit den Kindern
am Rodelhang.
Seit gestern …

5 Lies deine Geschichte
ausdrucksvoll vor!

passende Adjektive in einen Text einsetzen; eine Frühlingsgeschichte mit passenden Adjektiven
aus einer anderen Perspektive schreiben

79

Wörter mit h

1 Schreibe aus den Sätzen alle Wörter mit dem Wortstamm **früh** heraus! Markiere ihn!

Der Frühling ist eine Jahreszeit, die früh im Jahr liegt. Manche Leute sagen zum Frühling auch Frühjahr. Erste Frühlingsboten sind Krokusse und Schneeglöckchen. Sie heißen Frühblüher.

2 Finde weitere Wörter mit dem Wortstamm **früh**!

3 Bilde zu den Grundformen (Nennformen) **sehen**, **gehen** und **blühen** die richtigen gebeugten Formen (Personalformen)! Schreibe so:

sehen	gehen	blühen
ich sehe	er ...	es ...
sie ...	wir ...	er ...

Aufgepasst: blühen – aber die Blüte!

4 Setze passende Tätigkeitswörter (Verben) oder Namenwörter (Substantive) aus der Wörterleiste ein!

Oma ◯ in den Garten.

Die ersten Krokusse ◯ schon.

Ihre ◯ leuchten gelb und blau.

Das ◯ sehr schön aus.

5 Finde Gegensätze! Schreibe sie richtig auf!
eine kurze Zehe – eine l... Zehe
eine dicke Zehe – eine d... ...
eine krumme Zehe – eine g... ...
eine kl... Zehe – ...

W

der Frühling
früh
die Zehe

sehen
sie sieht
stehen
sie steht
gehen
er geht
blühen
es blüht

merke:
die Blüte

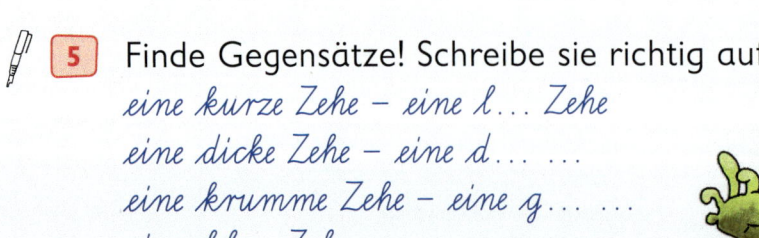

Wörter mit h: Wortstamm erkennen und zum Richtigschreiben nutzen;
Grund- und Personalformen von Verben bilden; Gegensatzpaare finden

Wörter mit ng

1 Wie heißen die Finger an einer Hand?
Schreibe sie auf!
der Daumen, der Zeigefinger, der ...

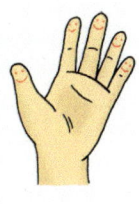

2 Setze passende Tätigkeitswörter (Verben)
aus der Wörterleiste ein! Markiere immer **ng**!

Vati ⬭ Emma zur Schule.

Tobias ⬭ den Ball.

Mutti ⬭ ein Frühlingslied.

3 Schreibe immer das Gegenteil auf!
schnell – ..., kurz – ..., weiß – ...

4 Bilde mit den Wortbausteinen
sinnvolle neue Tätigkeitswörter (Verben)!
springen: einspringen, ... singen: ...
bringen: mitbringen, ...   fangen: ...

an weg

ein

vor

mit

5 Schreibe vier Sätze mit Wörtern aus Aufgabe 4!

6 Bilde die Mehrzahl von **Junge** und **Finger**!
Kontrolliere mit dem Wörterverzeichnis!
Was fällt dir auf?

W
der Finger
der Junge
bringen
er brings
fangen
sie fängs
singen
er sings
eng
lang
langsam

Im Frühling
Die ersten Blumen / fangen an zu blühen.
Die Vögel singen. Die Kinder gehen / in den Garten.
Die Jungen bringen / einen Ball mit.
Die Mädchen holen / ein langes Seil.

ZUM ÜBEN

Mitlaute nach kurzem Selbstlaut

W

die Klasse
die Ampel
die Ente
der Mund
der Himmel
das Wetter
das Fenster
der Hals
der Sommer
das Wasser
die Eltern
das Ende
die Sonne

1 Ergänze die fehlenden Selbstlaute!
Werden sie lang oder kurz gesprochen?

S ☀ nne   F 🪟 nster   Gl 🥛 s   K 🪮 mm

Br 🍞 t   W 〰 sser   H ☁ mmel   V 🐦 gel

H 🐇 se   🚦 mpel   M 👄 nd   🐤 nte

2 Schreibe die acht Wörter mit
kurzem Selbstlaut auf!
Markiere den kurzen Selbstlaut (.)!

3 Untersuche die Wörter in Aufgabe 2!
Zähle nach, wie viele Mitlaute
nach dem kurzen Selbstlaut stehen!

4 Ordne die Wörter aus der Wörterleiste in eine Tabelle!
Schreibe so:

doppelte Mitlaute	verschiedene Mitlaute
Klasse	Ampel
...	...

Hund
bellen

5 Wie viele Wörter mit doppelten Mitlauten
findest du im Wörterverzeichnis beim Buchstaben **K**?

Nach **kurzem Selbstlaut** stehen mehrere Mitlaute.   **MERKE DIR**
Doppelte Mitlaute: *der Himmel, das Wasser.*
Verschiedene Mitlaute: *die Ampel, der Hals.*

1 Finde im Text alle Wörter mit doppeltem Mitlaut!
Achte auf den kurzen Selbstlaut!
Schreibe so: *wenn, ...*

Wenn im Frühjahr die Sonne am Himmel scheint
und die Tage heller werden,
dann kann die Natur erwachen.
An den Bäumen wachsen wieder Blätter
und alle Vögel finden reichlich Futter.

2 Schreibe die Reimpaare auf!

denn – w... | die Tasse – die Kl... | wollen – s...
wann – d... | die Tonne – die S... | schnell – h...

3 Bei welchen Stichwörtern im Wörterverzeichnis
findest du diese Wörter?
sie füllt, sie soll, er bittet
Schreibe so: *du füllst – füllen, ...*

4 In jeder Zeile hat sich ein schwarzes Schaf versteckt.
Schreibe nur die Wörter mit doppeltem Mitlaut auf!

die Bu▪er, das Be▪, das We▪er, mu▪ig   tt

das Schi▪, tre▪en, das Scha▪, der Ko▪er   ff

der Hi▪el, der Ka▪, schwi▪en, das Ka▪el   mm

Frau Ho▪e, ro▪en, ho▪en, wo▪en   ll

Frühling

Das Wetter ist schön. / Die Sonne scheint wieder.
Lotte und Anton können / mit ihren Rollern /
zum Bach fahren. Sie wollen / am Wasser spielen.
Wann kommen denn / die Enten heraus?

ZUM ÜBEN

W

	wollen
er	*will*
	sollen
sie	*soll*
	können
er	*kann*
	bitten
er	*bittet*
	füllen
sie	*füllt*
	wenn
	denn
	wann
	dann
	alle
	hell

Frühlingsüberraschung mit Kresse

1  Eierschalen auswaschen	**2**  feuchte Watte hineinlegen	**3**  Eierschalen in Eierbecher stellen
4  Kressesamen auf die Watte streuen	**5**  durchsichtige Folie auflegen	**6**  einige Tage wachsen lassen

Mit Kressesamen könnt ihr viele Überraschungen bereiten.

 Probiert es aus! Welche Überraschungen mit Kresse fallen euch noch ein?

Quarkbrot mit Kresse

Zutaten:	- die Radieschen waschen
Brot	- Stiele und Spitzen abschneiden
Quark	- die Radieschen klein schneiden
einige Radieschen	und unter den Quark mischen
Salz und Pfeffer	- den Quark mit Salz und Pfeffer
frische Kresse	würzen und auf das Brot streichen
	- frische Kresse darüber streuen

 Sprecht ab, was jeder mitbringen muss, und schreibt einen Merkzettel! Guten Appetit!

nach einer Handlungsanweisung (Bastelanleitung/Rezept) ein Frühlingsgeschenk oder Kräuterquark herstellen

Mit Tieren leben

Kleine Katzen sind so niedlich
und so friedlich und gemütlich.
Aber schaut sie richtig an:

Jedes Sätzchen auf den Tätzchen
hilft, dass aus dem süßen Kätzchen
mal ein Raubtier werden kann.

James Krüss

Wovon träumen die Kinder? Erzähle!
Und wovon träumst du?

Kinder erzählen von ihren Tieren

1 Lies die Geschichten!

Neulich kam ich nach Hause. Ich wollte mein Kaninchen begrüßen. Pauli lag im Käfig. Er bewegte sich nicht. Da kam Papa. Er nahm mich in den Arm. Er sagte, dass Pauli nie wieder aufwachen wird. Ich habe den ganzen Tag geweint.

Sofie

Mama wollte für uns ein Festessen kochen. Sie ging in die Küche und erschrak. Der gute Fisch, den sie braten wollte, war weg. Da hörte sie ein leises Schmatzen. Unsere Katze Mimi saß unter dem Tisch. Sie hatte schon den halben Fisch aufgefressen. Jetzt hatte nur Mimi ein Festessen.

Konrad

2 Ordne den Geschichten passende Überschriften zu! Du kannst dir auch eigene Überschriften ausdenken.

Guten Appetit   Abschied

Glück gehabt

3 Geschichten können lustig, traurig oder spannend sein. Wie sind diese drei Geschichten? Begründe deine Meinung!

Mein Hund Rex riss sich von der Leine los. Er flitzte auf die Straße, direkt vor ein Auto. Vor Schreck habe ich meine Augen zugekniffen. Ich hörte, wie Bremsen quietschten. Vorsichtig öffnete ich meine Augen. Rex hatte Glück. Das Auto hat ihn nicht erwischt.

Julia

4 Schreibe auch eine Tiergeschichte! Finde eine passende Überschrift!

5 Trage deine Geschichte vor! Setze deine Stimme dabei passend ein!

Hund und Katz – eine Bildergeschichte

1 Betrachte die Bilder genau!

2 Schreibt jeden Satz auf einen Papierstreifen!
Ordnet die Sätze nach der Reihenfolge!

> Sofort reißt Balko sich los und jagt der Katze hinterher.
>
> Fabian führt seinen Hund Balko aus.
>
> Fabian schimpft mit Balko und hält ihn fest.
>
> Jetzt traut sich auch Kikki wieder herunter und Frau Müller kann sie in den Arm nehmen.
>
> Kikki flüchtet sich ängstlich auf einen Baum.
>
> Plötzlich entdeckt Balko Kikki, die Katze von Frau Müller.

3 Denkt euch eine Überschrift für die Geschichte aus!
Klebt die Streifen-Geschichte in der richtigen Reihenfolge auf!

4 Schreibe auf, wie die Geschichte noch weitergehen könnte!

Katzen

1 Was tun die Katzen?
Finde passende Tätigkeitswörter (Verben)
und ordne sie den Bildern zu!

putzen
sie putzt sich

springen
sie springt

fangen
sie fängt

packen
sie packt

fressen
sie frisst

lauern
sie lauert

schleichen
sie schleicht

spielen
sie spielt

2 Ergänze die Sätze!

Die Katze ▱ auf eine Maus. Jetzt hat sie

eine entdeckt. Sie ▱ sich heran.

Plötzlich ▱ sie vor und ▱ die Maus.

Erst ▱ sie mit ihr wie mit einem Ball,

dann ▱ sie die Maus.

3 Setze die Eigenschaftswörter (Adjektive)
jung, **alt**, **schwarz**, **weiß**, **glatt** und **rosa** richtig ein!

Unsere Katze ist noch ganz …
Sie ist erst ein paar Wochen …
Ihr … Fell glänzt.
Sie streicht es immer wieder …
Sie hat … Pfoten.
Auch ihre Schwanzspitze ist weiß.
Ihr Näschen ist …

treffende Verben und passende Adjektive sinnvoll in Sätzen verwenden

Thomas wünscht sich einen Hund

1 Erzählt zur Überschrift und zu den Bildern!

2 Wie könnte die Geschichte weitergehen? Erzähle!

3 Was denkt, fühlt oder sagt Thomas auf den Bildern?
Ich werde mich um den Hund kümmern.
Ich bin …

4 Schreibe eine Geschichte zu den Bildern!
Beachte die Tipps auf den Seiten 90 und 91!

5 Besprecht eure Geschichten!

Teile einer Geschichte kennen lernen

Viele Texte haben diese Teile:

Katzenkinder

Überschrift
Passt die Überschrift zur
Geschichte?

Meine Katze Tinka hatte Junge
bekommen.
Gestern stand der Korb mit
den vier jungen Kätzchen zum
ersten Mal in unserem Garten.

Einleitung
Wie beginnt die Geschichte?
Wer kommt darin vor?
Wo spielt die Geschichte?
Wann spielt die Geschichte?

Alle vier wollten aus dem
Körbchen klettern.
Ein Kätzchen schaffte es auch
und lief zum Gartenzaun.
Sofort sprang der Hund von
unserem Nachbarn an den Zaun.
Er bellte laut.
Wollte er das Junge fassen?
Ich konnte vor Schreck
nichts sagen.
Da kam die Katzenmutter heran
und brachte den Ausreißer zurück
ins Körbchen.

Hauptteil
Was passiert nacheinander?

Nur nicht
den Faden
verlieren!

Ich atmete erleichtert auf.

Schluss
Wie hört die Geschichte auf?

Teile einer Geschichte kennen und benennen: Überschrift, Einleitung, Hauptteil, Schluss;
die W-Fragen kennen

Teile einer Geschichte schreiben

1 Schreibe die fehlenden Textteile auf!

Überschrift:
Überlege dir eine passende Überschrift für den Hauptteil!

Einleitung:
Schreibe eine Einleitung zum Hauptteil:
Wer?
Wo?
Wann?

Hauptteil:
Tim öffnet die Käfigtür und füttert Omas Wellensittiche.
Er will auch das Wasser des Badehauses wechseln.
Vorsichtig trägt er es in das Bad.
Als er wieder in das Wohnzimmer zurückkommt,
sitzen Flori und Matz auf der Gardinenstange.
Tim erschrickt. Wie soll er die Vögel wieder einfangen?
Zuerst klettert er auf einen Stuhl.
Aber die Vögel fliegen davon.
Dann ruft er sie beim Namen.
Aber vergeblich.
Nun versucht er, sie mit Futter anzulocken.
Aber er hat damit keinen Erfolg.
Tim weiß nicht weiter.
Er geht zum Telefon und ruft Mutti an.
Als er wieder zurückkommt, sitzen Flori und Matz wieder
brav im Käfig.

Schluss:
Schreibe einen Schluss!

Deine Leser sollen wissen, dass die Geschichte jetzt zu Ende ist.

Wörter mit tz

1 Lies die Wörter der Wörterleiste!
Wie klingen die Selbstlaute
vor **tz**?

> **tz** steht nur
> nach kurzem
> Selbstlaut!

W	
die	Katze
die	Katzen
das	Kätzchen
der	Platz
der	Satz
sich	putzen
sie	putzt
sich	setzen
sie	setzt sich
	sitzen
sie	sitzt

2 Ergänze die Reimwörter!
Markiere die kurzen Selbstlaute!

der Schatz	die Schätzchen	die Katzen
der Pl…	die Pl…	die Ta…
der Sa…	die Kä…	die Spa…

3 Welche Wörter
aus Aufgabe 2
lassen sich trennen?
die Schätz-chen, …

> So trennt man:
> Kätz-chen,
> aber
> Kat-ze

4 Setze die Tätigkeitswörter (Verben)
setzen, **sitzen**, **putzen** richtig ein!

Wenn die Sonne scheint, ◯ sich
meine Katze auf das Fensterbrett.
Sie ◯ gern dort
und ◯ sich das weiche Fell.

5 Finde möglichst viele Wörter der Wortfamilie **putzen**!

Meine Katze Tinka
Ich habe / eine kleine Katze. Sie sitzt gern /
in der Sonne / und putzt sich ihr Fell.
Ihr liebster Platz / ist das Fensterbrett.
Manchmal kratzt sie mich / mit ihren Krallen.

ZUM ÜBEN

Wörter mit tz üben: auf Vokallänge hin untersuchen; Reimwörter finden, trennen;
Lauf-, Klapp- oder Dosendiktat zum Üben nutzen

AH S.46

Wörter mit doppelten Mitlauten

1 Finde im Text alle Wörter mit
doppeltem Mitlaut!
das Wasser, ...

Wer bin ich?
Ich brauche jeden Tag frisches Wasser,
damit ich genug Flüssigkeit zu mir nehme.
Ich kann viel besser riechen und hören
als Menschen.
Mein Körbchen steht in einem Zimmer.
Mein Herrchen muss zweimal täglich
mit mir rausgehen.

2 Begründe, warum die Wörter **Wasser**,
besser und **Zimmer** mit doppeltem Mitlaut
geschrieben werden!

3 Schreibe auf, was Hunde können!
rennen, fressen, bellen, knurren, schwimmen
Hunde können bellen. ...

4 Schreibe die Namenwörter (Substantive) mit Begleiter
(Artikel) auf! Kontrolliere mit dem Wörterverzeichnis!
🎲 zwei Wörter 🎲 vier Wörter 🎲 alle Wörter

Schreibe so: *der Mann: Seite ..., Spalte ...*

5 Setze aus den Silben vier Tätigkeitswörter (Verben) zusammen!
Schreibe sie mit Silbenbögen auf!
können, ...

| kön | bit | las | fas | ten | sen | sen | nen |

> | **W** |
> | *das Zimmer* |
> | *der Mann* |
> | *der Herr* |
> | *rennen* |
> | *er rennt* |
> | *fressen* |
> | *sie frisst* |
> | *schwimmen* |
> | *er schwimmt* |
> | *lassen* |
> | *sie lässt* |
> | *fassen* |
> | *er fasst* |
> | *flüssig* |

Freundeseite

Tierfreunde

UNSERE LIEBLINGSTIERE

Tiger   Waschbär

Erdmännchen   Fohlen

Mein Hoppel

Hoppel in seinem Käfig

Das mag Hoppel

Mein Schmusehoppel

 Gestaltet ein Plakat mit Tierfotos oder ein Mini-Foto-Buch zu eurem Lieblingstier!

Wer bin ich?

Ich gehöre zur Familie
der Papageien.
Viele Kinder halten mich
als Zimmerfreund.
Dann muss ich einen
Käfig haben.
Ich knabbere gern Hirse,
Vogelmiere und auch
Apfelstückchen.
Ich brauche täglich
frisches Wasser.

Er ist ein Einzelgänger,
schläft am Tage und wird erst
abends munter.
Er kann schnell laufen und
sammelt Körner in seinen
Backentaschen.
Er möchte nicht viel
gestreichelt werden
und wird
2 bis 3 Jahre alt.

Zeig mal deine Backentaschen!

Bin ich das?

 Schreibe auch ein Rätsel zu einem Haustier! Lass es erraten!

Bei uns und anderswo

Überall auf der Erde
leben Kinder nah und fern.
Welche Speisen essen sie wohl gern?
Ob es für jeden dort genug zu essen gibt?
Welche Kinderspiele sind in den Ländern beliebt?
Lernen sie in der Schule so wie du?
Hier erfährst du es im Nu.

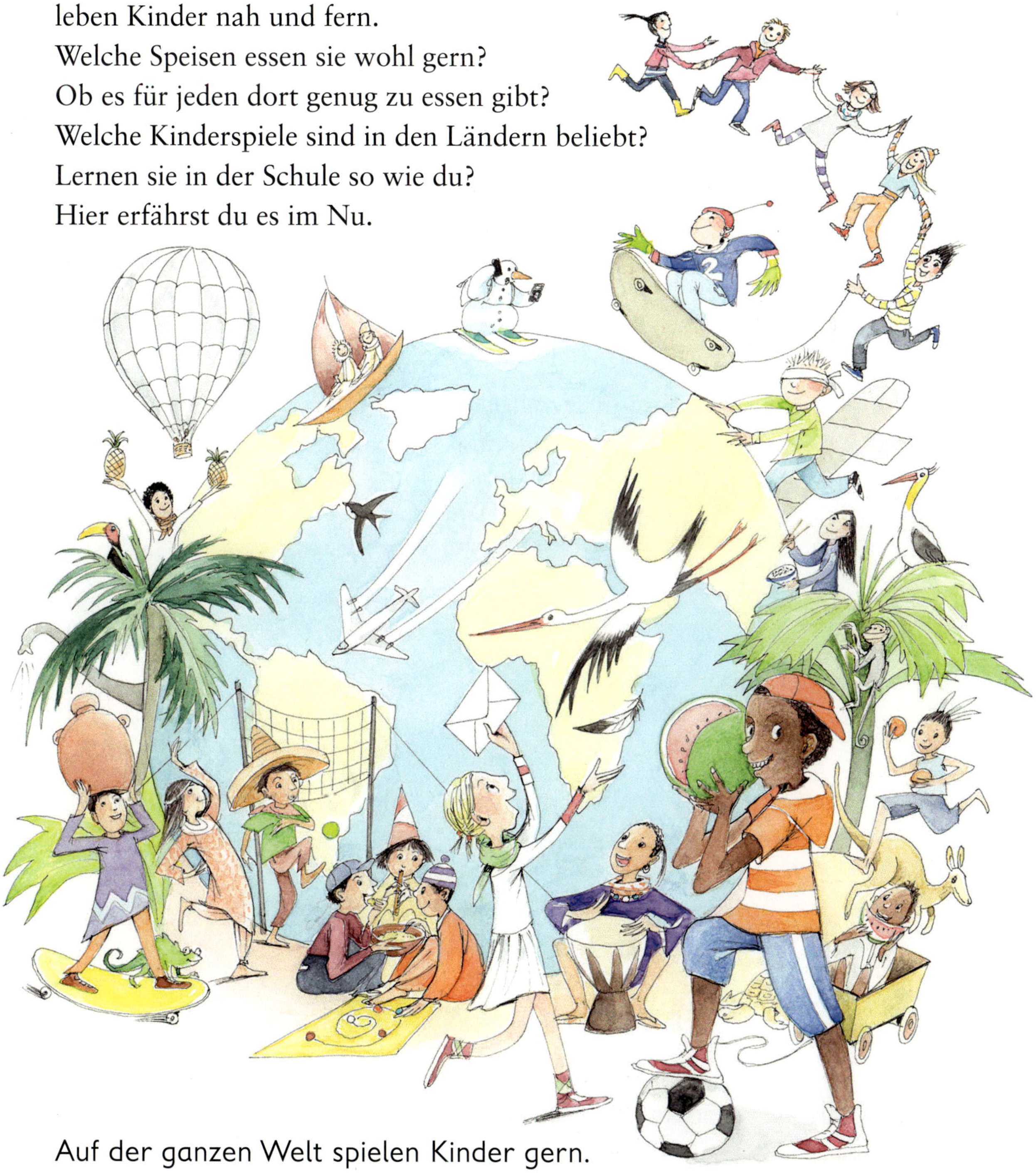

Auf der ganzen Welt spielen Kinder gern.
Welche Spiele erkennst du auf dem Bild?

Überall auf der Welt lernen Kinder

1 Lies den Text! Was ist für dich besonders interessant?

Margoth erzählt:
Ich wohne auf einem Bauernhof
in den Bergen von Ecuador.
Das ist ein Land in Südamerika.
Ich stehe um fünf Uhr früh auf,
weil ich vor der Schule noch helfe,
die Hühner und Ziegen zu füttern.
Zur Schule laufe ich eine Stunde.
Unsere Schule hat nur zwei Räume.
Die Schüler aller Klassen lernen in einem Raum.
Der Lehrer wohnt im zweiten Raum neben der Klasse.
Wir haben jeden Tag Unterricht in zwei Fächern:
zum Beispiel Naturkunde und Kichwa*.
Kichwa ist die Sprache der Indianer,
zu denen ich gehöre.
Meine Eltern sprechen kein Kichwa mehr.
Zu Hause sprechen wir spanisch.

* Sprich Ketschua!

2 Was erfährst du über Margoth? Schreibe Stichpunkte auf!

Name: _____   Schulbeginn: _____
Alter: _____   Schulweg: _____
Land: _____   Besonderheiten: _____
Sprache: _____

3 Schreibe eigene Stichpunkte über dich auf!

4 Vergleiche beide Stichpunktzettel! Was hast du herausgefunden?

 5 Vergleicht eure Stichpunktzettel in der Gruppe! Sprecht darüber!

aus einem Text Informationen entnehmen; Stichpunkte/einen Steckbrief schreiben;
Begegnung mit anderen Sprachen

AH S. 50, 51

1 Lies den Text genau!

David ist 7 Jahre alt und wohnt in London.
Das ist die Hauptstadt von England.
Seine Eltern bringen ihn jeden Morgen
mit dem Auto zur Schule.
Die Schule beginnt um 9.00 Uhr und endet
nachmittags um 16.00 Uhr. Deshalb essen
die Schüler auch in der Schule.
Alle tragen eine Schuluniform.
David trägt ein weißes Hemd mit
einer gestreiften Krawatte.
Sein Haar ist braun.
Das Schulhaus sieht von außen sehr alt aus.
Innen ist die Schule aber sehr modern.
In jedem Klassenzimmer gibt es eine elektronische Tafel.
Es gibt Computerräume und eine große Bibliothek.
Viele Mitschüler von David kommen aus anderen Ländern.
David findet das toll.

2 Findet Fragen zum Text!
Prüft, ob die Antworten im Text zu finden sind!

Wie alt ist … ?   Wo wohnt … ?   Warum… ?

3 Schreibt verschiedene Fragen und Antworten auf!
Spielt damit ein Frage-Antwort-Spiel!

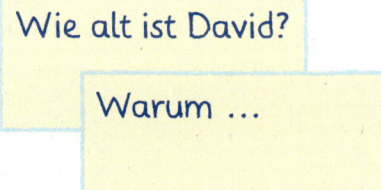

David ist
7 Jahre alt.

Überall auf der Welt spielen Kinder

1 Lies die Spielanleitungen!
Wähle eine Spielanleitung aus und erkläre den Spielverlauf!

Farbenwolf aus Frankreich (Loup de couleurs)
Ein Kind spielt den Wolf. Die anderen Kinder laufen umher.
Der Wolf ruft eine beliebige Farbe.
Die Kinder müssen nun so schnell wie möglich
einen Gegenstand dieser Farbe anfassen.
Dann sind sie in Sicherheit. Wer nicht schnell genug
einen Gegenstand in der Farbe berührt, kann vom Wolf
gefangen werden.
Für die nächste Runde wird ein neuer Wolf bestimmt.

Klapperschlangentanz aus Amerika
Zwei Kinder verwandeln sich zu Klapperschlangen.
Sie klappern mit Rasseln oder ähnlichen Dingen.
Die Schlangen werden nun mit verbundenen Augen
voneinander entfernt im Raum aufgestellt.
Sie müssen sich nun in einer festgelegten Zeit
nur über die Geräusche finden.

 2 Welche Spiele spielt ihr? Erklärt sie!

Herr Fischer, Herr Fischer …   Hase und Jäger …   …

 3 Probiert ein Spiel aus!

Was Kinder gern essen

1 Aus welchem Land kommen die Speisen?
Woran kannst du es erkennen?

Frühlingsrolle

Sina aus China

Donuts

James aus den USA

Gyros

Emma aus Griechenland

Soljanka

Natascha aus Russland

Baguette

Lucie und Marcel aus Frankreich

Paella

Mario aus Spanien

Salami

Marika und Janos aus Ungarn

Eierkuchen

Paul aus ... Deutschland

Spagetti

Roberto aus Italien

2 Welche dieser Speisen hast du schon einmal probiert?

3 Schreibt Quizfragen auf und spielt das Quiz!
Ich bin James aus den USA. Was esse ich gerne?
Ich esse gern Salami. ...

Wörter mit s

1 Ergänze die Reimwörter!

Meise	Hase	Rose
R...	N...	D...
l...	V...	H...

2 Schreibe ab und unterstreiche
alle verwandten Wörter von **lesen**!
⚀ zwei Sätze ⚁ vier Sätze ⚂ alle Sätze

Lisa ist eine gute Leserin.
Sie liest alles in ihrem Lesebuch.
Thomas liest gern Bücher über
Reisen in fremde Länder.
Er ist ein Leser der Bücherei.
Lisa und Thomas sind richtige Leseratten.
Beide sollen am Lesewettbewerb teilnehmen.

3 Bilde aus den Wortbausteinen neue Wörter!
Unterstreiche immer den Wortstamm!
verreisen, ...

ver   mit   ab
ein   heim   reisen

4 Setze die Wörter aus Aufgabe 3 ein!
Achte auf die Wortbedeutung!

In den Ferien wollen wir ...
Wir fahren sehr weit weg,
deshalb müssen wir sehr früh ...
Leider darf unser Hund nicht ...
Er darf nicht in das Land ...
Wenn die Ferien zu Ende sind,
müssen wir wieder ...

W

die	Reise
	reisen
er	reist
der	Leser
die	Leserin
	lesen
sie	liest
die	Hose
die	Nase
der	Hase
	alles
	böse
	leise

Wörter mit au oder äu

1 Bilde zusammengesetzte
Namenwörter (Substantive) mit **Haus**!

die Haustür, das Schulhaus, ...

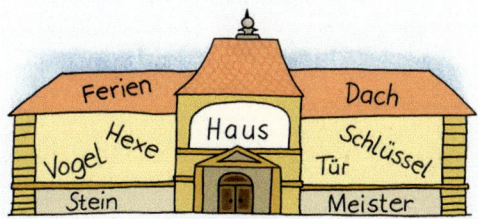

Ferien Dach
Vogel Hexe Haus Schlüssel Tür
Stein Meister

2 Finde verwandte Wörter mit **au**!
Markiere **äu** und **au** in den Wörtern!

⚀ drei ⚁ fünf ⚂ alle

die Mäuse – die Maus,
die Bäume – der ...,
die Häuser – das ...,
die Sträucher – ...,
die Einkäufe – ...,
der Läufer – ...,
der Käufer – ...

Mäuse mit
äu wegen
Maus!

??

3 Welches Wort gehört nicht in die Reihe?
Denke an die Wortarten!
Schreibe die anderen Wörter ins Heft!

MÄUSE   HÄUSER   LÄUSE   HÄUFIG
BÄUME   KÄUFER   BRÄUNLICH   STRÄUCHER

4 Begründe deine Entscheidung!

Schreibe **äu**, wenn es ein verwandtes Wort
mit **au** gibt:

die Mäuse – die Maus, die Bäume – der Baum, der Käufer – kaufen

MERKE DIR

W

die Maus
die Mäuse

der Strauch
die Sträucher

der Baum
die Bäume

das Haus
die Häuser

kaufen
der Käufer

laufen
der Läufer

Lachende Brötchen aus Dänemark

⭐ Butterbrote heißen in Dänemark Smörrebröd.
Sie werden sehr fantasievoll belegt.
Denke dir weitere Möglichkeiten für ein leckeres Smörrebröd aus!

Mein Fantasieland

Name: RAKONDA

Sprache: Rakondisch

Tiere:

Sehenswürdigkeit:

Schule:

Eleroko

Rakomel

Rakos-Rotterschloss

Menschen:

Besonderheiten:
Die Menschen können kein u sprechen.
An den Bäumen hängen Bonbons.
Die Wolken sind rosa.

> Gibt es dort auch Katzen?

⭐ Denke dir ein Fantasieland aus!
Gestalte ein Plakat und sprich darüber!

handlungsorientiert arbeiten: aus Bildern eine Anleitung entnehmen;
ein Plakat gestalten

In der Bibliothek

Ich liebe meine Bücher,
jedes Buch ist ein Haus.
Die Leute darin
kommen zu mir heraus.

Es kommen zu mir
Bettler, Prinz und Pilot,
Max und Moritz,
Schneeweißchen
und Rosenrot.

Josef Guggenmos

Was weißt du über eine Bibliothek?
Was kannst du in der Bibliothek auf diesem Bild entdecken?

Eine Bibliothek besuchen

1 Dinge, die man in der Bibliothek findet, nennt man **Medien**.
Wonach würdet ihr diese Medien ordnen?

2 Was findest du in Büchern? Ergänze die Sätze!
Etwas über Tiere steht in einem Tierbuch.
Märchen stehen in einem ...
Ein Buch mit Rätseln ist ein ...
Ein Buch mit Witzen ist ein ...
Ein Buch über Abenteuer ist ein ...

> Wenn ein Kinderbuch ein Buch für Kinder ist, was ist dann ein Bilderbuch?

3 Welche Bücher kennst du noch?
Schreibe so: *Indianerbücher, ...*

4 Welche Fragen habt ihr zum Bibliotheksbesuch?
Was interessiert euch besonders?
Schreibt es auf!

Wie lange darf man ein Buch behalten?	Ich möchte etwas ausleihen. Kostet das etwas?	...

Lesen, lesen, lesen

1 Kuddelmuddel im Märchenbuch
Schreibe die Sätze richtig auf!

Frau Holle schläft im Hexenhaus.
Dornröschen schüttelt einhundert Jahre.
Hänsel und Gretel verjagen die Räuber.
Die Bremer Stadtmusikanten knuspern die Betten.

2 Setze die gebeugte Form (Personalform)
von **lesen** ein!

Ich ◯ am liebsten Tierbücher.
Opa ◯ die Angelzeitschrift.
Mutti, ◯ du mir ein Märchen vor?
Die Oma ◯ die Zeitung.
Wir ◯ jeden Tag.

ich	lese
du	liest
er	liest
wir	lesen

3 Unterstreiche in den gebeugten Formen (Personalformen)
den Wortstamm! Was fällt dir auf?

4 Was lest ihr gerne?
Schreibt eine Klassenliste!

Ich lese am liebsten Hundebücher!

Lisa: Pferdebücher und alles über Tiere
Max: Comics
Anne: Abenteuerbücher
Moritz: alles über Fußball

5 Schreibe einen Lesetipp! Er soll andere Kinder neugierig machen,
das Buch zu lesen. Du kannst das Buch auch dazulegen.

Eine Buchvorstellung vorbereiten

1 So bereitest du eine Buchvorstellung vor. Lies die Arbeitsschritte!

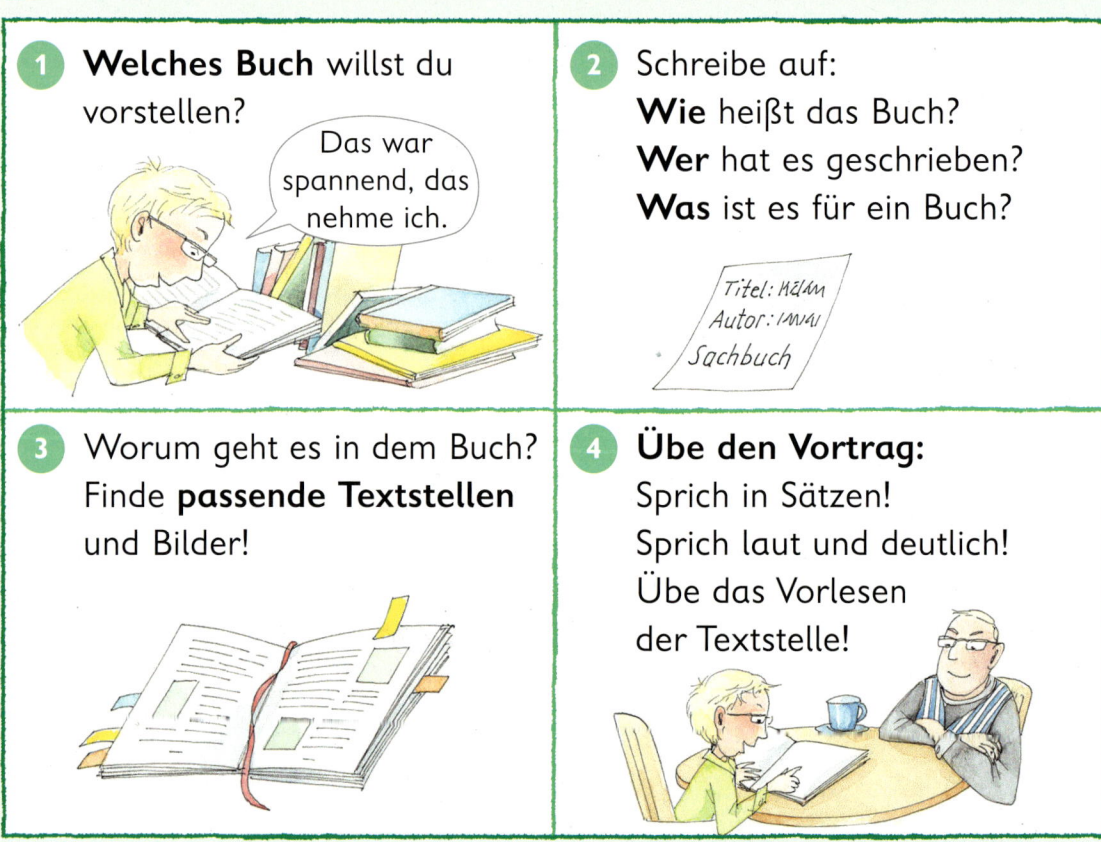

1 **Welches Buch** willst du vorstellen?

Das war spannend, das nehme ich.

2 Schreibe auf:
Wie heißt das Buch?
Wer hat es geschrieben?
Was ist es für ein Buch?

Titel: Hālām
Autor: ımmal
Sachbuch

3 Worum geht es in dem Buch? Finde **passende Textstellen** und Bilder!

4 **Übe den Vortrag:**
Sprich in Sätzen!
Sprich laut und deutlich!
Übe das Vorlesen der Textstelle!

2 Du kannst zu deinem Vortrag als Merkhilfe auch ein kleines Heft gestalten.

Titel:
Autor:

Warum habe ich das Buch gewählt?

Was ist es für ein Buch?

Worum geht es?

Vorlesestelle
Seite:

Bilder
Seite:

Titel: Bäume
Autor: H. Vogel

Strategien zur Vorbereitung einer Buchvorstellung nutzen: Reihenfolge, Elemente einer Buchvorstellung, Merkhilfen für einen Vortrag

Ein Buch vorstellen

1 Diese Sätze helfen dir beim Vortrag!
Lies sie!

Ich möchte euch heute das Buch von … vorstellen.
Es wurde von … geschrieben.
Es ist ein …
Ich habe es ausgewählt, weil …
In dem Buch geht es um …
Diese Textstelle möchte ich euch vorlesen: …
Wenn euch das Buch interessiert,
findet ihr es in der Bibliothek.
Habt ihr noch Fragen?

2 Nutzt eine Checkliste bei der Buchvorstellung!

Name: _____	ja	nein
… hat Autor und Titel genannt.		
… hat kurz und verständlich erzählt, worum es geht.		
… hat eine passende Vorlesestelle ausgewählt.		
… hat begründet, warum ihm/ihr das Buch gefällt.		
… hat Fragen zum Buch beantwortet.		

Wörter mit t

1 Bilde die Mehrzahl und
trenne die Wörter nach Silben:
das Brot, die Bro-te, ...
das Brot, die Frucht, der Saft,
das Wort, die Seite, das Heft

W

die Frucht
der Saft
das Obst
die Haut
das Wort

antworten

weit
breit
laut
rot
hart
gut
alt
hundert

2 Ergänze die Sätze:
Ein Salat aus Obst ist ein ...
Ein Arzt, der sich um kranke Haut
kümmert, ist ein ...
Ein Buch mit vielen Wörtern ist ein ...

3 Schreibe immer das Gegenteil!
eng ist nicht ..., leise ist nicht ...
schlecht ist nicht ..., jung ist nicht ...

4 Setze die Eigenschaftswörter (Adjektive)
rot, **hart** und **breit** richtig ein!

die ... Ampel – Die Ampel ist ...
die ... Nuss   – Die Nuss ist ...
die ... Straße – Die Straße ist ...

5 Schreibe alle Hunderterzahlen bis eintausend auf!
Nutze das Wörterbuch!

| 100 | 200 | 300 | 400 | 500 | ... |

Lustige Sätze
Die lauten Kinder / singen leise.
Das grüne Auto / ist rot.
Im Wörterbuch / steht kein Wort.
Die weiche Frucht / ist ganz hart.

ZUM ÜBEN

Wörter mit ß

1 Schreibe zusammengesetzte Namenwörter
(Substantive) mit **Fuß** auf!
die Fußspur, …

W

die Straße
die Straßen

der Fuß
die Füße

heißen
er heißt

weiß
heiß
groß
süß

2 Lies vor und ergänze immer das Gegenteil!
Schreibe die Gegensatzpaare auf!
schwarz und weiß, …

Die Kohle ist schwarz. – Der Schnee ist …
Das Eis ist kalt. – Die Suppe ist …
Die Maus ist klein. – Die Giraffe ist …
Die Zitrone ist sauer. – Die Birne ist …

3 Jeder hat einen Namen. Schreibe Sätze auf!
Ich heiße … Meine Freundin heißt …
Mein Freund heißt … Meine Lehrerin …

4 Straßenwörter:

⚀ Finde zusammengesetzte Namenwörter (Substantive) mit **Straße**!
Diese Wörter helfen dir dabei: *Bahn, Schild, Verkehr, Land*

⚁ Wie heißen diese Straßenschilder?

⚂ Schreibe Straßennamen aus deiner Umgebung auf!
Das Wort **Straße** sollte darin vorkommen.

> **ß** steht nur nach langem Selbstlaut oder Zwielaut: **MERKE DIR**
> *der Fu_ß_, b_ei_ßen, dr_au_ßen*

Leseraupe

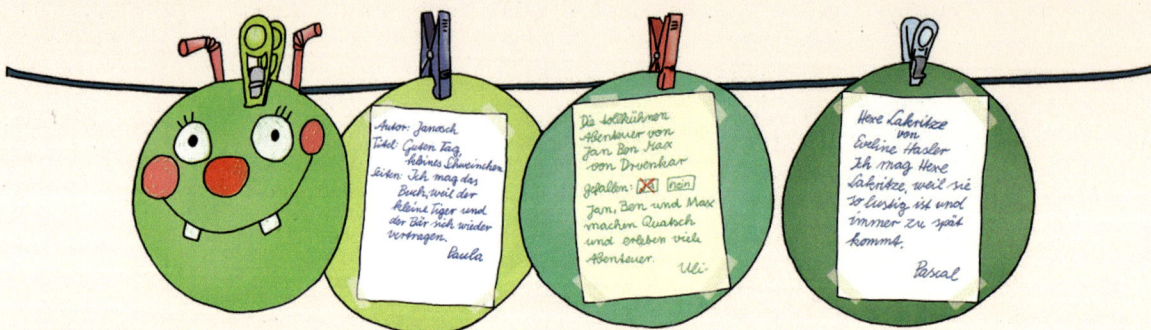

 Wer etwas gelesen hat, kann seinen Lesetipp
an die Leseraupe anhängen.
So wird die Leseraupe immer länger.

Weitergeb-Geschichten für ein Minibuch

1

Legt mehrere Blätter
ordentlich übereinander!

2

Heftet die Blätter mit dem
Tacker zusammen!

3

Neulich
war ich allein zu
Hause.

Ich feierte gerade
meinen Geburtstag, als es
an der Tür klingelte.

Denkt euch
gemeinsam den ersten Satz
für eine Geschichte aus!

4

Ein Kind nach
dem anderen schreibt
die Geschichte weiter, bis das
Büchlein voll ist. Das letzte Kind
denkt sich eine Überschrift aus.

 Probiert die Weitergeb-Geschichte aus!

Unheimliches und Spannendes

Was spukt im Flur?
Was spukt im Schrank?
Dass da was spukt,
macht mich ganz krank.

Es spukt bestimmt,
ich hör es ja!
Nun knispelt es …
Da ist wer da!

Es kratzt …
Es schnurrt …
Und mir fällt ein:
Das kann nur
meine Katze sein.

Ute Andresen

Was ist für dich unheimlich oder spannend auf dem Bild?
Begründe es!

Das Schulgespenst

1 Caroline hat ein Gespenst gemalt.
Jede Nacht geistert und spukt es
in der Schule herum …
Gib dem Gespenst einen Namen!

2 Das Gespenst verwandelt sich gern.
Denke dir weitere Gespensternamen aus!

Schmierofax, das Tafelgespenst,
Klecksi, das Pinselgespenst, …

3 Suche dir ein Gespenst aus!
Male es auf! Schreibe dazu, wie es heißt, wie es aussieht,
wo es wohnt und wie es spukt!

Schmierofax
Das ist ein Tafelgespenst.
Es wohnt im Schwamm.
Es ist ganz fleckig.
Schmierofax macht heimlich
alle Tafeln schmutzig.

Tafolo
Tafolo wohnt hinter der
Tafel. Es ist ganz flach und muss
immer aufpassen, wenn die Tafel
hochgeschoben wird. Deshalb ist
Tafolo sauer. Es zaubert die
Tafel und die Kreide weg und den
Schwamm.

4 Gestaltet ein Gespensterbuch oder stellt eure Gespenster aus!

Gruselwörter und Gespenstergeschichten

1 Lies die Geschichtenanfänge!

Das Schulgespenst Wanda
spukt in der Schule.
Es kann fliegen.
Es fliegt nur, wenn alle
Kinder weg sind.
Es fühlt sich besonders
in der Turnhalle wohl.
Dort kann es so schön
fliegen.
Eines Tages ...

Paul darf bei Tim übernachten.
Tim wohnt in einer alten Villa
mitten in einem großen Park.
Es ist schon sehr spät.
Die Turmuhr hat gerade elf Uhr
geschlagen. Schwarze Wolken
ziehen am Mond vorbei. Paul und
Tim liegen in ihren Betten.
Plötzlich spüren sie einen eisigen
Luftzug ...

2 Welchen Geschichtenanfang findest du besser?
Begründe deine Meinung!

3 Welche von diesen Wörtern sind für dich besonders gruselig?
- ⚀ Schreibe einige ab!
- ⚁ Schreibe sie ab und denke dir
  weitere Gruselwörter aus!
- ⚂ Denke dir Sätze mit Gruselwörtern aus
  und schreibe sie auf!

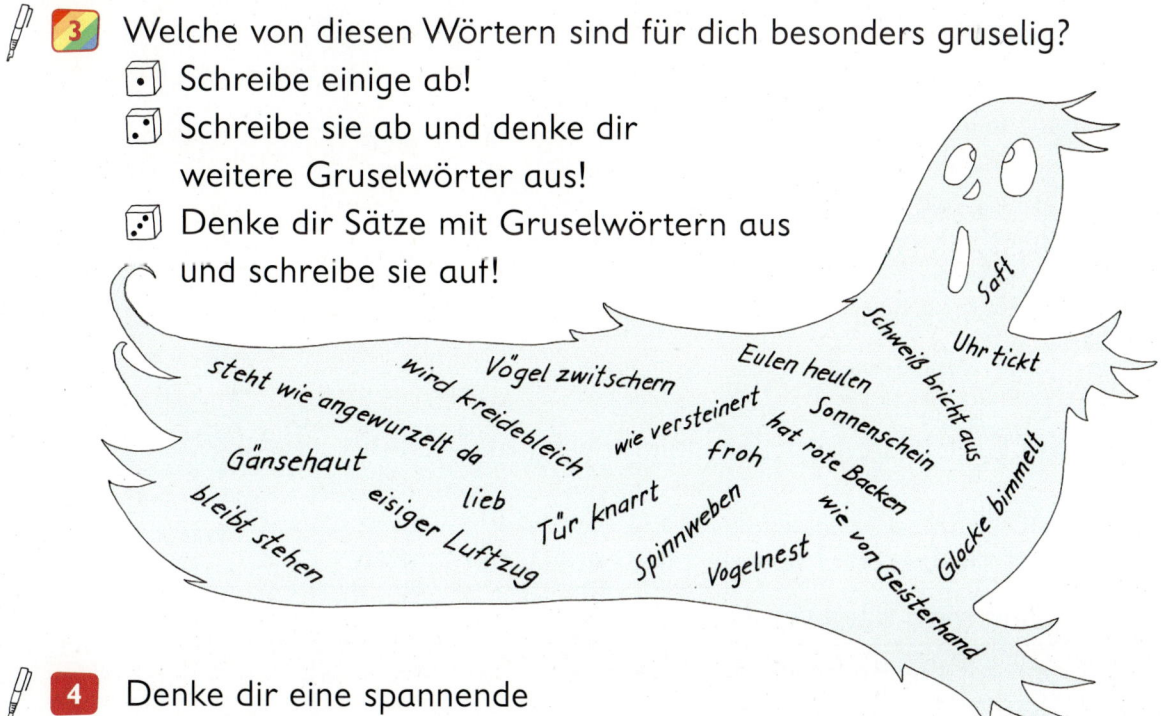

steht wie angewurzelt da · wird kreidebleich · Vögel zwitschern · wie versteinert · Eulen heulen · Sonnenschein · hat rote Backen · Schweiß bricht aus · Saft · Uhr tickt · Gänsehaut · lieb · Tür knarrt · froh · Spinnweben · wie von Geisterhand · Glocke bimmelt · bleibt stehen · eisiger Luftzug · Vogelnest

4 Denke dir eine spannende
Gespenstergeschichte aus und schreibe sie auf!

Eine Geschichte vorstellen

Katja hat eine Geschichte geschrieben. Sie liest sie vor.
Was gefällt den Kindern, was gefällt ihnen nicht?

> Das Gespenst lebt in einer Burgruine.
> Das Gespenst ist traurig.
> Die anderen Gespenster lachen das Gespenst immer aus, weil es nicht so weiß ist wie sie.
> Eines Tages wird in der Burg gebaut.
> Jetzt lachen die anderen Gespenster nicht mehr und das Gespenst ist froh.
> Da fällt es in einen Eimer mit weißer Farbe.

> Du könntest deinem Gespenst einen Namen geben.

> Du könntest mit Eigenschaftswörtern Dinge genauer beschreiben.

> Ich finde deine Geschichte lustig.

> Die letzten beiden Sätze würde ich vertauschen.

> Hat deine Geschichte eine Überschrift?

> Zuerst sagen wir immer, was uns gut gefällt.

Eine Checkliste hilft, Geschichten zu beurteilen:

	ja	nein
Hat die Geschichte eine passende Überschrift?		
Kann man alles verstehen?		
Stimmt die Reihenfolge?		
Werden einige Wörter zu oft verwendet?		

Kriterien für die Überarbeitung einer Geschichte kennen lernen;
Formulierungen für Argumente und Meinungen kennen lernen

Eine Geschichte überarbeiten

1 Katja hat ihre Geschichte überarbeitet.
Lies ihre Geschichte!

Das kleine hellblaue Gespenst

Spuki lebt in einer alten Burgruine. Es ist traurig.
Die anderen Gespenster lachen Spuki immer aus,
weil es nicht so weiß ist wie sie.
Eines Tages wird in der Burg gebaut.
Da fällt es in einen Eimer mit weißer Farbe.
Jetzt lachen die anderen Gespenster nicht mehr
und Spuki ist froh.

2 Was hat Katja verändert?
Hat sie die Tipps der anderen Kinder beachtet?

3 Schreibe eine eigene Gespenstergeschichte!
Wähle eine Überschrift oder denke dir selbst eine aus!

| Spuk um Mitternacht | In der Geisterbahn | Im Gruselschloss | … |

Achte auf verschiedene Satzanfänge!

| Auf einmal … | Plötzlich … | Eines Tages … | … |

Verwende passende Eigenschaftswörter!

| schrecklich | eisig | kreidebleich | finster | … |

4 Stellt euch die Geschichten gegenseitig vor! Sprecht darüber,
was euch gut gefällt und was verändert werden muss!
Überarbeitet eure Geschichten!

eine Geschichte anhand von Kriterien einschätzen; eine Geschichte schreiben
und anhand gemeinsam erarbeiteter Kriterien überprüfen

115

Zauberei mit Wörtern

1 Findet die Regel für das Wörterspiel und spielt es weiter!

Hexen–Haus · Haus–Dach · Dach–Fenster

Schul–Ge-spenst · Ge-spenst–...

Spuk–Schloss · ...

2 Schreibe die Wörter, die ihr gefunden habt,
mit Begleiter (Artikel) auf!

das Hexenhaus, ...

3 Lies den Gespensterbrief! Schreibe ihn richtig auf!

*Hallo freunde,
in der nacht ist es in
der schule so leise ich
habe mich gefürchtet
meine schönen bücher
mit gruselgeschichten
kann ich immer noch
nicht lesen wollt ihr
mir helfen
euer schulgespenst*

Von Satzzeichen und Großschreibung hält es wohl nicht viel?

4 Am Gespensterschloss
findest du viele **G-Wörter**.
Bilde mit möglichst vielen
G-Wörtern Sätze!

Graue Gespenster geistern in ...

Regeln eines Sprachspiels erkennen und anwenden; Regeln der Großschreibung
von Substantiven und am Satzanfang wiederholen

5 Wie heißen die verhexten Wörter?

das iKdn

die sauM

die leEu

der mauB

der Wadl

 6 Schreibe die Wörter aus Aufgabe 5 in Einzahl und Mehrzahl auf!
Markiere, was sich in der Mehrzahl verändert hat!

Einzahl	Mehrzahl
die Maus	die Mäuse

 7 Wortbausteine:

 Bilde mit den Wortbausteinen neue Wörter
und schreibe sie auf!

 Bilde mit den Wortbausteinen neue Wörter
und setze sie ein!

auf
er
mit	zählen
ver

Das Gespenst kann noch nicht bis hundert ⬭.

Bei der 7 und der 3 ⬭ es sich immer.

Aber Geschichten kann es gut ⬭.

Seine Streiche kann ich gar nicht alle ⬭.

Zur Mitternacht ⬭ es alle zwölf Glockenschläge ⬭.

8 Das Gespenst murmelt
geheimnisvolle Sprüche.
Aber wo ist das
letzte Wort geblieben?
Reimt die Sprüche
zu Ende!

ENE, MENE, ZAUBERBREI,
GIB UNS HEUTE ALLEN …

FEHLERFREI DURCH Z…

DAS IST EIN GESPENSTERZAUBER,
ALLE TAFELN WERDEN …

 9 Dichte selbst lustige
Zaubersprüche!

Wörter mit eu oder ei

1 Ordne die Wörter der Wörterleiste!

Wörter mit eu	Wörter mit ei
...	...

2 Setze die gebeugte Form (Personalform)
von **sich freuen** ein! Achte immer auf die Endung!

ich freue mich   *wir ... uns*
du freust dich   *ihr ... euch*
er ... sich   *sie ... sich*

W

der Freund
die Freundin
die Leute
die Seife
die Zeit
das Ei
die Freude

sich freuen

fein
heute
neu

3 Finde Reimwörter:

rein	Beute	scheu	weit
kl...	L...	n...	br...
f...	h...	H...	Z...

4 Im Silbenrätsel haben sich die fünf Lösungswörter versteckt.
Finde sie und schreibe sie mit Begleiter (Artikel) auf!

Damit wäschst du dich.	Sei	din
ein Mädchen, das du gernhast	Freun	te
der Tag nach gestern	heu	er
viele Menschen	Leu	fe
Das legen Vögel.	Ei	te

5 Setze in die Lücken einmal **eu** und einmal **ei** ein!
Erkläre die Bedeutung!

die Scheune – die Scheine
die Sch◼ne, h◼len, n◼n, die ◼le

Wörter mit nk

1 Lies die Wörter der Wörterleiste!
Achte darauf, wie **nk** in den Wörtern klingt!

2 Finde das Gegenteil!

eine helle Farbe – eine ◯ *Farbe*

ein gesunder Hund – ein ◯ *Hund*

3 Was kann dunkel sein?
Wer kann krank sein?
Schreibe Wortgruppen oder Sätze auf!

4 Finde Reimwörter zu den
Tätigkeitswörtern (Verben)
aus der Wörterleiste!

5 Was bin ich? Suche das Lösungswort im Wörterverzeichnis!
Schreibe es in Einzahl und Mehrzahl auf!

Auf mir kann man sitzen.   Zu mir kann man sein Geld bringen.

6 Finde Wörter zu den Wortfamilien
trinken, **danken** und **denken**!
Schreibe sie auf!
Markiere **nk**!

W

der Onkel
die Bank

denken
sie denkt
danken
er dankt
trinken
es trinkt
krank
dunkel

Das kranke Gespenst
Das kleine Gespenst / wohnt im alten Schloss.
Wenn es dunkel wird, / erschreckt es die Leute.
Aber heute / ist es krank.
Es kann nicht heulen / und rasseln.
Es will nur / warmen Tee trinken.

ZUM ÜBEN

Blaue Seiten

Wörter mit aa, ee, oo

1 Ordne die Lösungswörter so:
Wörter mit aa: der Aal, ...
Wörter mit ee: das ...
Wörter mit oo: das ...

W

das Haar
die Haare
der See
der Schnee
der Tee
das Boot

leer

2 Reime weiter!

der Klee	*der Kaffee*	*das Paar*
der S...	*der T...*	*das H...*
der Schn...	*die F...*	*...*

3 Das Gespenst hat diese Wörter vertauscht:
Schreibe sie richtig auf!
die Teetasse, der Zoobesuch, ...

die Zootasse – der Teebesuch
das Storchenboot – das Ruderpaar
die Seespange – der Haarmann
das Meerblatt – das Kleeschweinchen

4 Was kann alles leer sein?
Schreibe passende Wortgruppen auf!
eine leere Tasse, ein ...

Aufgepasst,
bei **Hi**m**beere** und
Brom**beere** nur ein **m**
schreiben!

5 Schreibe die Namen der Beeren auf!
die Himbeere, die ...

Him-    Erd-    Brom-    Stachel-

Heidel-    Preisel-    Johannis-

Wörter mit aa, ee, oo: Wörter schreiben, Reimwörter finden,
Komposita sinnvoll aufschreiben

AH S. 62

Wörter mit ie

1 Setze den **i-Laut** ein!
Klingt der **i-Laut** kurz oder lang?

s▢ngen – s▢gen
St▢fel – St▢ft
T▢r – T▢sch

Wörter mit langem
i-Laut werden meist
mit **ie** geschrieben!

2 Suche die Wörter aus Aufgabe 1
im Wörterverzeichnis! Ordne sie so:

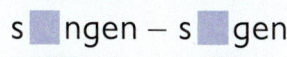

Wörter mit ie: ...   Wörter mit i:

3 Welche Wörter aus der Wörterleiste haben sich im
Silbenrätsel versteckt? Schreibe sie auf!
Markiere **ie**!

Wie	flie	wie	Bie	sie	Tie	Zwie
re	bel	se	gen	ne	der	ben

4 Schreibe zusammengesetzte Namenwörter
(Substantive) mit dem Wort **Brief**!

5 Setze die Wörter **dir**, **mir** und **wir** in die Sätze ein!
Ich helfe ...   Das Heft gehört ...   ... lesen eine Geschichte.

6 Finde Wörter zu den Wortfamilien **lieben** und **fliegen**!
Schreibe sie auf! Nutze das Wörterverzeichnis!

W

die Wiese
das Tier
die Biene
der Brief
die Zwiebel

fliegen
sie fliegt
lieben
er liebt
lieb

wie
wieder
sieben

merke:
dir
mir
wir

Auf der Wiese

Marie und Anna / liegen auf der Wiese.

Dabei sehen / und hören sie / viele Tiere.

Bienen und Käfer / fliegen durch die Luft.

Marie sieht / einen roten Käfer / mit sieben Punkten.

ZUM ÜBEN

Gespensterpuppen

1 Das braucht man:
ein Taschentuch oder
eine weiße Serviette,
etwas Watte,
dünne Schnur oder Wolle,
einen Stab und Farbstifte.

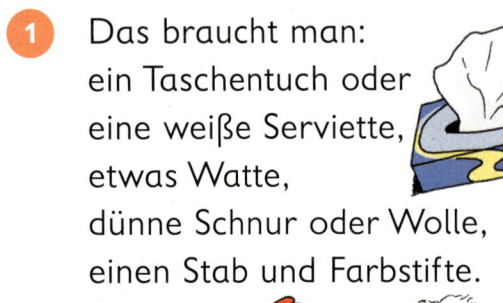

2 Wattekugel
auf Stab
spießen.

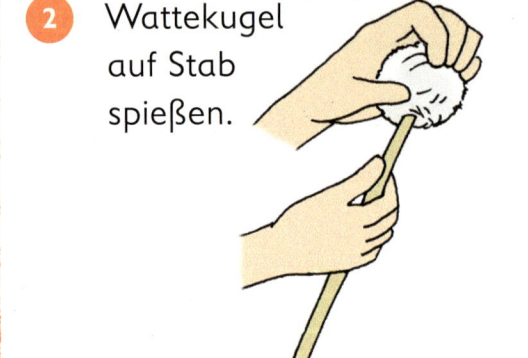

3 Tuch über Wattekugel
legen und den Hals
zusammenbinden.

4 Gruseliges
Gesicht
aufmalen.

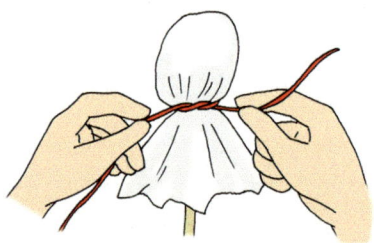

 Bastelt euch Gespensterpuppen!

Gespenstergeschichte

⭐ Gebt den Puppen Namen.
Denkt euch Gespenstergeschichten für eure Gespenster aus!
Wo spuken sie?

handlungs- und produktionsorientiert arbeiten: nach einer Anleitung
Gespensterpuppen herstellen; Gespenstergeschichten erzählen

Im Sommer

Weißt du, wie der Sommer riecht?
Nach Birnen und nach Nelken,
nach Äpfeln und Vergissmeinnicht,
die in der Sonne welken,
nach heißem Sand und kühlem See
und nassen Badehosen,
nach Wasserball und Sonnenkrem,
nach Straßenstaub und Rosen.

Ilse Kleberger

Endlich Ferien!
Worauf freut ihr euch?

Sommerzeit – Reisezeit – Reisespiele

1 Die Familie im Bild spielt „Ich packe meinen Koffer".
Erklärt das Spiel! Probiert es aus!

2 Erklärt das Autokennzeichen-Spiel!

   S·FR 290   

Meine
Zehe juckt.

Susi fängt
Regenwürmer.

…

 3 Spielt mit diesen Kennzeichen das Spiel!

4 Welche weiteren Reisespiele kennt ihr noch? Stellt sie vor!

Spielregeln verstehen, erklären und anwenden; Spiele vorstellen/kennen lernen

Grüße verschicken

1 An wen schreibt Rieke? Nenne den Namen, die Straße,
die Hausnummer, die Postleitzahl und den Wohnort!

Liebe Oma,

wir sind gut ange-
kommen. Unser Haus
liegt direkt am See.
Jeden Tag baden wir.
Ich bringe dir ein kleines
Andenken mit.
Herzliche Grüße
Rieke

Gabi Neumann
Triftstr. 10
12354 Bergdorf

Anschrift

Name

Straße, Hausnummer

Postleitzahl, Wohnort

Die Reihenfolge
muss stimmen!

2 Schreibt eure eigene Anschrift auf!

3 Tommy hat sich ganz besondere Feriengrüße ausgedacht.
Kannst du sie lesen?

Ein Spiegel
hilft!

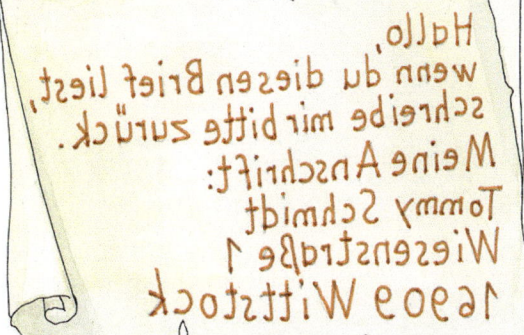

Hallo,
wenn du diesen Brief liest,
schreibe mir bitte zurück.
Meine Anschrift:
Tommy Schmidt
Wiesenstraße 1
16909 Wittstock

4 Wie kann man heute noch Urlaubsgrüße verschicken?

Sommerwörter

1 Die Kinder haben Sommerwörter gesammelt.
Wie haben sie diese sortiert?

Grüne Dose: toll warm kalt sonnig heiß blau tief hell salzig

Rote Dose: essen wandern paddeln baden fliegen schwimmen grillen sammeln tauchen scheinen

Blaue Dose: die Sandburg das Eis das Schiff das Meer das Flugzeug der Ball die Muschel die Sonne

 2 Schreibe Sätze!

⚀ Suche aus jeder Dose ein Wort aus!
Bilde damit einen lustigen Satz.

⚁ Suche aus jeder Dose zwei Wörter aus!
Bilde damit einen Satz, in dem alle Wörter vorkommen!

⚂ Suche aus jeder Dose ein Wort aus!
Bilde damit einen Aussagesatz, einen Fragesatz
und einen Aufforderungssatz!

eigene Sätze sprachspielerisch mit vorgegebenen Adjektiven, Verben und Substantive bilden

Sommer-Tätigkeiten

1 Ein Kind stellt ein Tätigkeitswort (Verb)
aus dem Kasten dar.
Die anderen Kinder erraten es.
Welche Tätigkeitswörter (Verben)
kann man nicht so gut unterscheiden?

> gehen, schreiten, eilen,
> schleichen, stolzieren,
> schlendern, springen,
> laufen, hüpfen, rennen

2 Lies den Text! Welche Tätigkeitswörter (Verben)
passen am besten in die Lücken?
Probiere verschiedene aus!

Rieke will mit ihren Eltern zum See ◯.

Sie ◯ über die Wiese.

Zwei Störche ◯ durch das hohe Gras.

Sie beobachten sie eine Weile.

Dann ◯ sie weiter.

Endlich sind sie da.

Schnell ◯ sie ins Wasser.

> wandern
> laufen
> rennen
> schreiten
> marschieren
> gehen
> stolpern

3 Schreibe den Text mit passenden Tätigkeitswörtern (Verben) auf!

4 Was kann man alles im Wasser machen?
Schreibe die Wörter richtig auf!

schwimmen
paddeln
plantschen
kraulen
tauchen

5 Schreibe mit den Wörtern aus Aufgabe 4 jeweils einen Satz.

6 Welche ähnlichen Tätigkeitswörter (Verben) findest du für **sehen**?

Wörter mit hl, hm, hn, hr

1 Schreibe die unterstrichenen Wörter ab
und ordne sie:

hl: zählen, ...   hn: ...   hm: ...   hr: ...

Wandertag

Wir <u>fahren</u> mit der <u>Bahn</u>. Um 8 Uhr
treffen wir uns auf dem <u>Bahn</u>hof.
Anna und Willi <u>zählen</u> die Kinder der Klasse.
Es sind <u>zehn</u> Jungen und zehn Mädchen.
Haben alle <u>bezahlt</u>? Wir brauchen
nicht <u>mehr</u> zu warten. Alle <u>nehmen</u> ihre Taschen
und steigen, ohne zu drängeln, ein.
Wir werden <u>sehr</u> viel wandern und viel
zu <u>erzählen</u> haben.

2 Suche das Stichwort **nehmen**!
Schreibe alles ab, was bei dem **Stichwort** steht!

3 Immer vier Wörter gehören zu einer Wortfamilie.
Finde sie!
*wohnen, zahlen, die Wohnung,
das Jahr, bewohnen, der Jahreskreis,
das Wohnhaus, der Zähler, die Zahl,
jährlich, die Jahreszeit, bezahlen*

4 Schreibe die Wortfamilien von Aufgabe 3 auf!
Unterstreiche immer den Wortstamm!
<u>*zahlen, der Zähler, ...*</u>

5 Was für Zähne gibt es?
Schreibe die Wörter in Einzahl und Mehrzahl auf
und erkläre ihre Bedeutung!

W

*die Bahn
der Sohn
die Uhr
das Jahr
der Zahn
die Zahl*

*nehmen
er   nimmt
fahren
er   fährt
zählen
sie   zählt
bezahlen
sie   bezahlt
wohnen
sie   wohnt

sehr
zehn*

Warum schreibt
man **Zähler** mit **ä**?

Wörter mit hl, hm, hn, hr: Wörter schreiben; Wörter im Wörterverzeichnis finden;
Wörter nach Wortfamilien ordnen, den Wortstamm markieren

AH S.66

Die Wochentage und die Monate

1 Ordne die Wochentage
nach der richtigen Reihenfolge!
Montag, …

2 Ordne die Monatsnamen
nach der richtigen Reihenfolge!
Januar, …

3 Beantworte die Fragen immer im Satz!
Nutze einen Kalender!

⚀ In welchem Monat hast du Geburtstag?

Welche Monate gehören zum Sommer?

⚁ Welcher Monat hat weniger
Buchstaben als der Juni?

Welcher Monat heißt genauso
wie ein Vorname?

⚂ Welche Monate haben nur 30 Tage?

Welcher Monat hat die wenigsten Tage?

Mein Wochenplan
Am Montag / putze ich / mein Fahrrad.
Am Dienstag / gehe ich / schwimmen.
Am Mittwoch / hole ich / meinen Freund ab.
Am Donnerstag / lese ich / ein Buch.
Am Freitag / zähle ich mein Taschengeld.
Am Sonnabend und am Sonntag / habe ich frei.

ZUM ÜBEN

Sommerferien-Wunschzettel

1

Falte zuerst ein Blatt in der Mitte und klappe es wieder auf!

2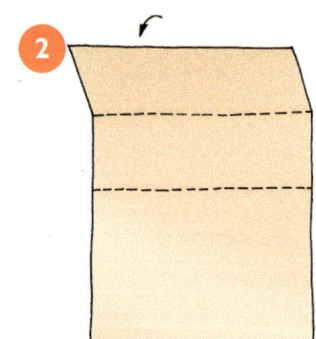

Falte nun den oberen Teil bis zur Mittellinie und klappe ihn wieder auf!

3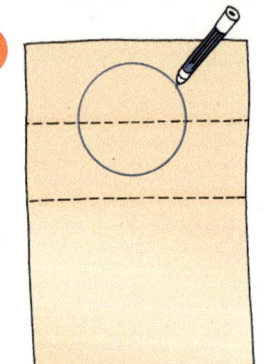

Zeichne wie im Bild einen Kreis ein!

4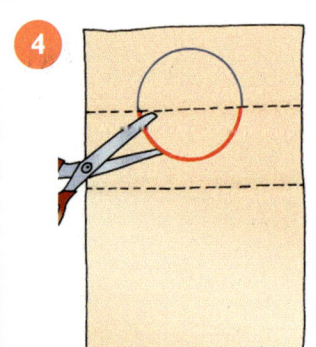

Schneide das Blatt an der roten Linie ein!

5

Schiebe das Blatt von unten unter den Kreis und streiche das Blatt glatt!

6

Zeichne eine Sonne! Zum Schluss kannst du den Wunschzettel beschriften!

 Schreibe Sommerwünsche oder einen besonders langen Sommerferien-Wunsch-Satz auf! Wer darf deinen Wunsch erfahren?

produktionsorientiert arbeiten: einen Wunschzettel nach einer Anleitung herstellen; Wünsche formulieren

Bist du fit?

1. Station:
Namenwörter (Substantive)

2. Station:
Eigenschaftswörter (Adjektive)

3. Station:
Tätigkeitswörter (Verben)

4. Station:
Sätze

5. Station:
Abc

6. Station:
Tipps und Tricks

7. Station:
Geschichten

8. Station:
Das weiß ich schon

1. Station: Namenwörter (Substantive)

1 Welche Menschen, Tiere, Pflanzen oder Dinge
mit dem Anfangsbuchstaben **Z** entdeckst du im Bild?
Schreibe sie mit Artikel auf!

der Zirkus, …

2 Vier Wörter sind Namenwörter (Substantive).
Schreibe sie in der Einzahl
und in der Mehrzahl auf!

das Boot – die Boote, …

HELL   FAHNE

FRÜH   KALT   NICHT

GLAS   STADT   BOOT

3 Bilde zusammengesetzte
Namenwörter (Substantive)!
*die Sonnenblume,
der Blumenstrauß, …*

MERKE DIR

Namen für **Menschen**, **Tiere**, **Pflanzen** oder **Dinge**
heißen **Namenwörter (Substantive)**.
Namenwörter schreibt man immer groß.
Sie können einen **Begleiter (Artikel)** haben: *der, die, das, ein, eine*
Sie können in der Einzahl oder der Mehrzahl stehen:
das Pferd – die Pferde

2. Station: Eigenschaftswörter (Adjektive)

1 Wie sind die Dinge,
die in dem Koffer sind?
Schreibe so:
rote Tücher – Die Tücher sind rot.

2 Wie sehen die Clowns aus?
Beschreibe einen Clown mit den passenden Adjektiven!

lockig
glatt
gut
schlecht
braun
grün
bunt
rot
kariert
gestreift
löchrig

Alfredo hat … Haare.
Er hat heute … Laune.
Er trägt eine … Jacke.
Sie hat drei … Knöpfe.
Alfredo hat eine … Hose
und … Schuhe an.

Fred hat … Haare.
Er hat heute … Laune.
Er trägt eine … Jacke.
Sie hat drei … Knöpfe.
Fred hat eine … Hose
und … Schuhe an.

Meine Hose
ist kariert.

Eigenschaftswörter (Adjektive) sagen,
wie Dinge sind. Sie helfen, etwas genau zu beschreiben.
*der Koffer – der **große** Koffer – Der Koffer ist **groß**.*

MERKE DIR

3. Station: Tätigkeitswörter (Verben)

1 Schreibe kurze Sätze!
Markiere die Tätigkeitswörter (Verben)
und unterstreiche den Wortstamm!
Der Clown schläft.
Der Tänzer ...

schlafen
tanzen
bellen
springen
weinen
trösten

2 Bilde mit den Wortbausteinen und dem
Tätigkeitswort (Verb) **führen** Wörter!

weg   auf
ein   ab   führen
vor

3 Setze die Wörter aus Aufgabe 2 passend ein!

Zuerst ⬭ die Pferde ihre Kunststücke ⬭.

Ein Reiter ⬭ sie danach ⬭.

Die Clowns ⬭ anschließend ihre Nummer ⬭.

Ein Polizist ⬭ einen Dieb ⬭.

Tätigkeitswörter (Verben) sagen, was jemand tut.   **MERKE DIR**
Grundform: brumm**en**
Gebeugte Form (Personalform): Der Bär brumm**t**.

Wortstamm   Endung

Mit Wortbausteinen kann man neue Wörter bauen:
*pflanzen – **ein**pflanzen, stecken – **ver**stecken*

4. Station: Sätze

1 In diesem Text fehlen die Punkte.
Lies ihn und mache am Satzende eine Pause!
Schreibe den Text mit Punkten auf!
Den Satzanfang musst du großschreiben.

Im Zirkus
Das Licht geht an die Kinder sitzen
auf den Bänken und staunen über
ihnen tanzt ein Seiltänzer am Rand
verkauft ein Mann Eis

2 Schreibe das Gespräch auf! Setze die richtigen Satzzeichen!

Wie hat es euch gefallen ▢

Es war toll ▢

Ich fand die Clowns am besten ▢

Kommt, wir gehen noch zur Eisbude ▢

Es gibt verschiedene **Satzarten**.
Den **Satzanfang** schreibt man immer **groß**.
Aussagesatz: Die Vorstellung beginnt um acht Uhr.
Fragesatz: Wann beginnt die Vorstellung?
Aufforderungssatz: Kommt unbedingt pünktlich!
Ein **Ausrufezeichen** steht auch nach Ausrufen: Hallo! Hilfe!

MERKE DIR

5. Station: Abc

1 Wie heißen die Nachbarbuchstaben?
Schreibe so auf: *A B C, ...*

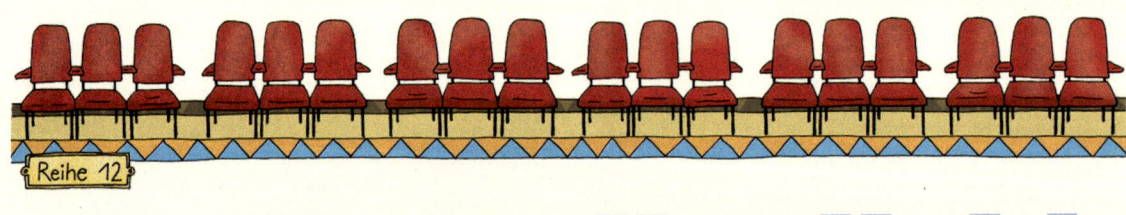

A ☐ C   F G ☐   ☐ S T   ☐ ☐ M   V ☐ ☐   ☐ H ☐

2 Im Abc-Zirkus fehlen einige Buchstaben.
Schreibe sie auf. Sie ergeben ein Lösungswort!

3 Ordne die Wörter in jedem Wagen nach dem Abc!

Auto
Fahrrad
Zug
Bus

Ente
Esel
Zebra
Kamel

Banane
Apfel
Aprikose
Pflaume

4 Sprich die Wörter deutlich.
Schreibe sie auf und kontrolliere mit dem Wörterverzeichnis.

1 Löse die Aufgaben! Überlege vorher, welche Tipps dir dabei helfen!
Schreibe so auf: *Tipp 3: Käufer – kaufen → äu, …*

? **äu** oder **eu**?
Setze richtig ein!

K■fer   Z■gnis
F■er   r■men

? **b** oder **p**, **g** oder **k**, **d** oder **t**?
Setze richtig ein!

Stif■   bun■   Schran■   Käfi■
plum■   es pie■t   sie schrei■t

? **ä** oder **e**?
Setze richtig ein!

B■rg   R■tsel
W■cker   Erk■ltung

? **l** oder **ll**?
Setze richtig ein!

wo■en, ma■en,
fa■en, ho■en

Gabeln nur
mit einem b?

Sonst wären es
ja Gabbeln.

? Immer zwei Wörter gehören zusammen.
Markiere, was in den Wortpaaren gleich bleibt:
erschrecken, Zahl, leer, bezahlen, ausleeren, Schreck

---

1 Verlängere die Wörter!
*sie schrei**b**t – schreiben* → **b**
*die Han**d** – die Hände* → **d**
*er fra**g**t – fragen* → **g**

---

2 Nur nach einem
kurzem Selbstlaut steht
ein doppelter Mitlaut.
kennen, fallen

---

3 Findest du ein
verwandtes Wort mit **au**?
Häuser – Haus → **äu**
träumen – Traum → **äu**

---

4 Findest du ein
verwandtes Wort mit **a**?
Gebäck – backen → **a**

---

5 Reimwörter helfen dir oft!

---

6 Wenn man Wortfamilien
kennt, kann man viele
Wörter richtig schreiben.

der Zirkus
der Zauberer
der Zauberhut
der Zauberspruch
die Eselsohren
das Publikum
der Applaus
die Krone

aufgeregt
sich freuen
ängstlich
glücklich

1 Betrachte die Bilder! Überlege, was Tim denkt, fühlt oder sagt!

2 Schreibe eine Geschichte zu den Bildern!
Denke dir eine passende Überschrift zu deiner Geschichte aus!
Tim ist das erste Mal im Zirkus. Plötzlich holt ihn der Zauberer aus dem Publikum ...

Gib den Menschen und Tieren einen Namen!
Sammle Wörter, die gut zu der Geschichte passen!
Prüfe:
Kann man alles verstehen?
Stimmt die Reihenfolge?
Werden bestimmte Wörter zu oft verwendet?
Hat die Geschichte eine passende Überschrift?

MERKE DIR

8. Station: Das weiß ich schon

1 Stellt euch abwechselnd fünf solcher Fragen!
Für jede richtige Antwort gibt es einen Punkt,
für eine falsche Antwort einen Strich.
Zur Kontrolle könnt ihr auf den angegebenen Seiten nachlesen!

Was weißt du über den Aussagesatz?

???

Hast du an den Stationen gut gearbeitet? Dann bist du fit!

Herzlichen Glückwunsch!

Diese Begriffe hast du schon gelernt.
Hier sind sie nach dem Alphabet geordnet.

Wörterverzeichnis

A a

der **Aal**, die Aale
ab
der **Abend**, die Abende
aber
acht
alle, alles
als
alt, älter: ein alter Baum, älter als ich
am
die **Ampel**, die Ampeln
an
anfassen, er fasst an
antworten, sie antwortet
der **Apfel**, die Äpfel
der **April**
die **Arbeit**, die Arbeiten
arbeiten, sie arbeitet
der **Arbeiter**, die Arbeiter
der **Arm**, die Arme
der **Ast**, die Äste
auch
auf
die **Aufgabe**, die Aufgaben
das **Auge**, die Augen
der **August**
aus
das **Auto**, die Autos

B b

das **Baby**, die Babys
backen, ich backe,
er backt/bäckt, er backte/buk
der **Bäcker**, die Bäcker
das **Bad**, die Bäder
baden, sie badet
die **Bahn**, die Bahnen
bald
der **Ball**, die Bälle
die **Bank**, die Bänke
er **bat** ↗ bitten
der **Bauch**, die Bäuche
bauen, er baut

der **Bauer**, die Bauern
der **Baum**, die Bäume
der **Begleiter**, die Begleiter
(auch für die Wortart Artikel)
bei
das **Bein**, die Beine
das **Bett**, die Betten
bewegen, sie bewegt
bezahlen, er bezahlt
die **Biene**, die Bienen
das **Bild**, die Bilder
ich **bin** ↗ sein: Ich bin da.
die **Birne**, die Birnen
bis
du **bist** ↗ sein
die **Bitte**, die Bitten
bitten, er bittet, er bat
das **Blatt**, die Blätter
blau: das blaue Kleid
bleiben, sie bleibt, sie blieb
sie **blieb** ↗ bleiben
blühen, es blüht
die **Blume**, die Blumen
die **Blüte**, die Blüten
der **Boden**, die Böden
böse: ein böser Traum
das **Boot**, die Boote
sie **brachte** ↗ bringen
braun: braunes Fell
brauchen, er braucht
breit: der breite Bus
der **Brief**, die Briefe
bringen, sie bringt, sie brachte
das **Brot**, die Brote
das **Brötchen**, die Brötchen
der **Bruder**, die Brüder
das **Buch**, die Bücher
der **Buchstabe**, die Buchstaben
er **buk** ↗ backen
bunt: die bunten Blätter
der **Bus**, die Busse
der **Busch**, die Büsche
die **Butter**

C c

der **Cent**, die Cents

der **Chor**, die Chöre
der **Christbaum**, die Christbäume
der **Computer**, die Computer

D d

da
das **Dach**, die Dächer
danken, er dankt
dann
das
dass
die **Decke**, die Decken
decken, sie deckt
dem
den
denken, er denkt
denn
der
des
der **Dezember**
dich
die
der **Dieb**, die Diebe
der **Dienstag**
dies, diese, dieser, dieses:
dies und das
dir
doch
der **Donnerstag**
das **Dorf**, die Dörfer
dort
drei
drucken, er druckt
drücken, sie drückt
du
dunkel: im dunklen Keller
durch
dürfen, er darf, er durfte
er **durfte** ↗ dürfen

E e

das **Ei**, die Eier
das **Eigenschaftswort**,
die Eigenschaftswörter
(Wiewort, Adjektiv)

ein, eine, einem, einen, einer, eines
eins
einzeln: ein einzelnes Haus,
in einzelnen Klassen
das **Eis**
elf
die **Eltern**
das **Ende**, die Enden
eng: der enge Schuh
die **Ente**, die Enten
er: Er freut sich.
die **Erde**
erste: der erste Tag
erzählen, sie erzählt es
es: Heute regnet es.
essen, er isst, er aß: Iss etwas!
etwas
euch
euer: eure Seite
die **Eule**, die Eulen
der **Euro**, die Euros

F f

die **Fahne**, die Fahnen
fahren, ich fahre, sie fährt, sie fuhr
sie **fährt** ↗ fahren
fallen, ich falle, er fällt, er fiel
er **fällt** ↗ fallen
die **Familie**, die Familien
er **fand** ↗ finden
fangen, ich fange, sie fängt, sie fing
sie **fängt** ↗ fangen
fassen, er fasst
fast
der **Februar**
fehlen, sie fehlt
der **Fehler**, die Fehler
die **Feier**, die Feiern
feiern, er feiert
fein: feiner Sand
das **Feld**, die Felder
das **Fenster**, die Fenster
die **Ferien**
fest: ein fester Schuh
er **fiel** ↗ fallen
finden, er findet, er fand

sie **fing** ↗ fangen
der **Finger**, die Finger
der **Fisch**, die Fische
    fischen, sie fischt
die **Flasche**, die Flaschen
das **Fleisch**
die **Fliege**, die Fliegen
    fliegen, er fliegt, er flog
er **flog** ↗ fliegen
der **Flug**, die Flüge
der **Flügel**, die Flügel
    flüssig: flüssig schreiben
die **Frage**, die Fragen
    fragen, sie fragt
sie **fraß** ↗ fressen
die **Frau**, die Frauen
der **Freitag**
    fremd: eine fremde Frau;
    der/die Fremde
    fressen, sie frisst, sie fraß
sich **freuen**, er freut sich
die **Freude**, die Freuden
der **Freund**, die Freunde
die **Freundin**, die Freundinnen
der **Frieden**: friedlich
    frisch: frisches Obst
sie **frisst** ↗ fressen
die **Frucht**, die Früchte
    früh: morgen früh
der **Frühling**
sie **fuhr** ↗ fahren
    füllen, sie füllt
    fünf
    für
der **Fuß**, die Füße

G g

er **gab** ↗ geben
    ganz: die ganze Welt
der **Garten**, die Gärten
    geben, er gibt, er gab
    gegen
    gehen, sie geht, sie ging
    gelb: die gelbe Blume
das **Geld**, die Gelder
das **Gemüse**

    gern
das **Gesicht**, die Gesichter
    gestern
    gesund, gesünder: gesundes Essen
er **gibt** ↗ geben
sie **ging** ↗ gehen
das **Glas**, die Gläser
das **Gras**, die Gräser
    groß, größer: ein großes Eis
    grün: das grüne Gras
die **Gruppe**, die Gruppen
der **Gruß**, die Grüße
    gut, besser: ein gutes Buch

H h

das **Haar**, die Haare
    haben, ich habe, du hast, er hat,
    ihr habt, er hatte
sie **half** ↗ helfen
der **Hals**, die Hälse
sie **hält** ↗ halten
    halten, ich halte, sie hält, sie hielt
die **Hand**, die Hände
    hart, härter: hartes Brot
der **Hase**, die Hasen
du **hast** ↗ haben
sie **hat** ↗ haben
sie **hatte** ↗ haben
das **Haus**, die Häuser
die **Haut**, die Häute
die **Hecke**, die Hecken
das **Heft**, die Hefte
    heiß: heißer Tee
    heißen, er heißt, er hieß
    helfen, ich helfe, sie hilft, sie half
    hell: das helle Licht
das **Hemd**, die Hemden
    heraus
der **Herbst**
    herein
der **Herr**, die Herren
    heute
die **Hexe**, die Hexen
sie **hielt** ↗ halten
    hier
er **hieß** ↗ heißen

die **Hilfe**, die Hilfen

sie **hilft** ↗ helfen

der **Himmel**

hinaus

hinein

hoch, höher: ein hohes Haus

der **Hof**, die Höfe

holen, er holt

das **Holz**, die Hölzer

hören, sie hört

der **Hort**, die Horte

die **Hose**, die Hosen

der **Hund**, die Hunde

hundert

I i

ich

der **Igel**, die Igel

ihm

ihn

ihnen

ihr, ihre

im

immer

in

er **isst** ↗ essen

es **ist** ↗ sein: Es ist kalt.

J j

ja

das **Jahr**, die Jahre, die Jahreszeiten

der **Januar**

der **Juli**

der **Junge**, die Jungen

der **Juni**

K k

der **Käfer**, die Käfer

der **Kalender**, die Kalender

kalt, kälter: ein kalter Wind

die **Kälte**

sie **kam** ↗ kommen

sie **kann** ↗ können

sie **kannte** ↗ kennen

der **Kasten**, die Kästen

das **Kätzchen**, die Kätzchen

die **Katze**, die Katzen

kaufen, er kauft

der **Käufer**, die Käufer

kein, keine, keiner

kennen, sie kennt, sie kannte

das **Kind**, die Kinder

das **Kino**, die Kinos

die **Klasse**, die Klassen

das **Kleid**, die Kleider

klein: ein kleines Kind

der **Koffer**, die Koffer

kommen, sie kommt, sie kam

können, sie kann, sie konnte

sie **konnte** ↗ können

der **Kopf**, die Köpfe

der **Korb**, die Körbe

der **Körper**, die Körper

krank, kränker: ein krankes Tier

die **Küche**, die Küchen

der **Kuchen**, die Kuchen

kurz, kürzer: ein kurzer Zug

L l

lachen, er lacht

er **lag** ↗ liegen

die **Lampe**, die Lampen

lang, länger: ein langer Tag

langsam: ein langsames Auto

er **las** ↗ lesen

lassen, ich lasse, sie lässt, sie ließ

sie **lässt** ↗ lassen

laufen, ich laufe, er läuft, er lief

der **Läufer**, die Läufer

er **läuft** ↗ laufen

laut: ein lauter Knall

der **Laut**, die Laute

leben, sie lebt

lecken, er leckt

leer: ein leerer Bus

legen, er legt

leicht: leichte Arbeit

leise: leise sein

lernen, sie lernt

lesen, ich lese, er liest, er las

der **Leser**, die Leser
die **Leserin**, die Leserinnen
die **Leute**
das **Licht**, die Lichter
    lieb: ein liebes Kind
    lieben, sie liebt
    liebenswürdig:
    eine liebenswürdige Frau
das **Lied**, die Lieder
  er **lief** ↗ laufen
    liegen, er liegt, er lag
  er **liest** ↗ lesen
  sie **ließ** ↗ lassen
der **Löffel**, die Löffel

M m

    machen, sie macht
das **Mädchen**, die Mädchen
der **Mai**
    malen, er malt
die **Mama**, die Mamas
    man
der **Mann**, die Männer
der **März**
die **Maus**, die Mäuse
    mehr
    mehrere
    mein, meine, meiner
    merken, sie merkt
das **Messer**, die Messer
    mich: Sie kennt mich.
die **Milch**
    mir
    mit
die **Mitte**
der **Mittwoch**
  er **mochte** ↗ mögen
  er **möchte** ↗ mögen
    mögen, er mag, er mochte,
    er möchte
der **Monat**, die Monate
der **Montag**
    morgen
  sie **muss** ↗ müssen
    müssen, sie muss, sie musste
  sie **musste** ↗ müssen

die **Mutter**, die Mütter
die **Mutti**, die Muttis

N n

    nach
die **Nacht**, die Nächte
  er **nahm** ↗ nehmen
der **Name**, die Namen
das **Namenwort** (Substantiv),
    die Namenwörter
die **Nase**, die Nasen
der **Nebel**, die Nebel
    nehmen, er nimmt, er nahm
    nein
das **Nest**, die Nester
    neu: eine neue Puppe
    neun
    nicht
  er **nimmt** ↗ nehmen
    noch
der **November**
    nun
    nur

O o

    oben
das **Obst**
    oder
    offen: eine offene Tür
    ohne
das **Ohr**, die Ohren
der **Oktober**
die **Oma**, die Omas
der **Onkel**, die Onkel
der **Opa**, die Opas
das **Ostern**

P p

    packen, sie packt
das **Paket**, die Pakete
der **Papa**, die Papas
das **Papier**, die Papiere
die **Pflanze**, die Pflanzen
    pflanzen, sie pflanzt

pflegen, er pflegt
der Plan, die Pläne
planen, sie plant
der Platz, die Plätze
die Post
prüfen, sie prüft
die Puppe, die Puppen
putzen, er putzt

Qu qu

quaken, er quakt
der Quark
quieken, es quiekt

R r

das Rad, die Räder
sie rannte ↗ rennen
die Raupe, die Raupen
rechnen, sie rechnet
rechts
reden, sie redet
der Regen
reich: ein reiches Land
reif: der reife Apfel
reisen, sie reist
die Reise, die Reisen
rennen, sie rennt, sie rannte
sie rief ↗ rufen
der Ring, die Ringe
der Rock, die Röcke
rollen, er rollt
der Roller, die Roller
rot: ein roter Ball
der Rücken, die Rücken
rufen, sie ruft, sie rief

S s

der Saft, die Säfte
sagen, er sagt
er sah ↗ sehen
das Salz, die Salze
der Samstag
der Sand
sandig: sandige Hände

er sang ↗ singen
er saß ↗ sitzen
der Satz, die Sätze
sauber: eine saubere Hose
schauen, sie schaut
scheinen, sie scheint, sie schien
schenken, er schenkt
die Schere, die Scheren
schicken, sie schickt
sie schien ↗ scheinen
das Schiff, die Schiffe
schlafen, er schläft, er schlief
er schläft ↗ schlafen
schlagen, sie schlägt, sie schlug
sie schlägt ↗ schlagen
er schlief ↗ schlafen
der Schlitten, die Schlitten
sie schlug ↗ schlagen
schmücken, sie schmückt
der Schnee
schneiden, er schneidet, er schnitt
schneien, es schneit
schnell: ein schneller Zug
er schnitt ↗ schneiden
schon
schön: ein schönes Kleid
schreiben, er schreibt, er schrieb
schrieb ↗ schreiben
die Schrift, die Schriften
der Schuh, die Schuhe
die Schule, die Schulen
der Schüler, die Schüler
die Schülerin, die Schülerinnen
die Schüssel, die Schüsseln
sie schwamm ↗ schwimmen
schwarz, schwärzer: schwarzer Tee
schwer: der schwere Koffer
die Schwester, die Schwestern
schwimmen, sie schwimmt,
sie schwamm
sechs
der See, die Seen
sehen, er sieht, er sah
sehr, sehr viel
ihr seid ↗ sein
die Seife, die Seifen
das Seil, die Seile

sein, ich bin, du bist, er ist, wir sind,
ihr seid, sie sind, er war, es wäre
sein, seiner, seine
die **Sekunde**, die Sekunden
selbst
der **September**
(sich) **setzen**, sie setzt sich
sich
sie
sieben
siegen, sie siegt
er **sieht** ↗ sehen
sie **sind** ↗ sein
singen, er singt, er sang
sitzen, er sitzt, er saß
so
der **Sohn**, die Söhne
sollen, sie soll
der **Sommer**
der **Sonnabend**
die **Sonne**, die Sonnen
der **Sonntag**
sparen, er spart
spät: am späten Abend
der **Spaziergang**, die Spaziergänge
sperren, sie sperrt
das **Spiel**, die Spiele
spielen, er spielt
spitz: ein spitzer Stein
die **Spitze**, die Spitzen
der **Sport**
sie **sprang** ↗ springen
springen, sie springt, sie sprang
die **Stadt**, die Städte
sie **stand** ↗ stehen
die **Stange**, die Stangen
stecken, er steckt
stehen, sie steht, sie stand
steigen, er steigt, er stieg
der **Stein**, die Steine
stellen, sie stellt
der **Stiefel**, die Stiefel
er **stieg** ↗ steigen
der **Stift**, die Stifte
still: ein stiller Ort
die **Straße**, die Straßen
der **Strauch**, die Sträucher

die **Stunde**, die Stunden
das **Substantiv** (Namenwort),
die Substantive
suchen, sie sucht
die **Suppe**, die Suppen
süß: der süße Kuchen

T t

die **Tafel**, die Tafeln
der **Tag**, die Tage
die **Tante**, die Tanten
die **Tasche**, die Taschen
die **Tasse**, die Tassen
er **tat** ↗ tun
das **Tätigkeitswort** (Tuwort, Verb),
die Tätigkeitswörter
der **Tee**, die Tees
das **Telefon**, die Telefone
der **Teller**, die Teller
teuer: ein teures Buch
der **Text**, die Texte
das **Tier**, die Tiere
der **Tisch**, die Tische
die **Tochter**, die Töchter
tragen, er trägt, er trug
er **trägt** ↗ tragen
sie **trank** ↗ trinken
trinken, sie trinkt, sie trank
er **trug** ↗ tragen
das **Tuch**, die Tücher
tun, er tut, er tat
die **Tür**, die Türen
turnen, sie turnt
die **Tüte**, die Tüten

U u

üben, er übt
über
die **Übung**, die Übungen
die **Uhr**, die Uhren
um
und
uns, unser, unsere
unten: unten im Schrank
unter: unter dem Tisch

V v

die **Vase**, die Vasen
der **Vater**, die Väter
der **Verkehr**
versprechen, sie verspricht
sie **verspricht** ↗ versprechen
versuchen, sie versucht
viel: viele Monate
vier
der **Vogel**, die Vögel
voll: ein voller Teller
vom
von
vor
(sich) **vorstellen**, sie stellt sich vor

W w

der **Wagen**, die Wagen
der **Wald**, die Wälder
wann
ich **war** ↗ sein
ich **wäre** ↗ sein
warm, wärmer: das warme Wasser
die **Wärme**
warten, sie wartet
was
waschen, er wäscht, er wusch
er **wäscht** ↗ waschen
das **Wasser**
der **Weg**, die Wege
weich: das weiche Fell
das **Weihnachten**
der **Weihnachtsbaum**, die Weihnachtsbäume
weiß: der weiße Schnee
weit: ein weiter Weg
welche
wenn
wer
werden, sie wird
das **Wetter**
wie
wieder
die **Wiese**, die Wiesen
sie **will** ↗ wollen

der **Wind**, die Winde
der **Winter**
wir
sie **wird** ↗ werden
wo
die **Woche**, die Wochen
wohnen, er wohnt
die **Wolke**, die Wolken
wollen, sie will, sie wollte
sie **wollte** ↗ wollen
das **Wort**, die Wörter, die Worte
der **Wunsch**, die Wünsche
wünschen, er wünscht
die **Wurzel**, die Wurzeln
er **wusch** ↗ waschen

X x

das **Xylophon**, die Xylophone

Y y

das **Ypsilon**, die Ypsilons (Buchstabe: Y)

Z z

die **Zahl**, die Zahlen
zählen, er zählt
der **Zahn**, die Zähne
die **Zehe**, die Zehen
zehn
zeigen, sie zeigt
die **Zeit**, die Zeiten
das **Zimmer**, die Zimmer
zu
der **Zucker**
der **Zug**, die Züge
zum: zum Bahnhof fahren
zur: zur Schule gehen
zwei
die **Zwiebel**, die Zwiebeln
zwölf

Kapitel	Sprechen und Zuhören	Schreiben/Texte verfassen
In der Schule Seite 5–18	situationsangemessen zu einem Bild erzählen: neues Schuljahr (5); Bilder und Symbole zur ersten Orientierung nutzen; verschiedene funktionale Textarten erkennen (8); Spiel: Mein rechter Platz ist leer (10); Vokal-Lied singen (18)	situationsangemessen schreiben (Reflexion) (6); Buchstaben, Wörter und Sätze richtig schreiben; Treppensätze schreiben (7)
Im Herbst Seite 19–32 	Bild und Gedicht als Erzählanlass nutzen; Wörter zu einem Thema sammeln (19); Gesprächsvorgaben sinnvoll ordnen; eine gemeinsame Veranstaltung planen (20); Spiel: Ich sehe was, was du nicht siehst (21); Abc-Lied üben und singen (26)	einen **Arbeitsplan** schreiben (20); ein **Rätsel** schreiben (23); ein **Quiz** erstellen (24); Informationen aus Sachtexten entnehmen und aufschreiben (25); kreative Textproduktion: **Elfchen** und **Akrostichon** (31)
Miteinander leben Seite 33–44 	situationsorientiert zu einem Thema erzählen (33); eigene Erfahrungen erzählen; Pantomime spielen (34); Partnerdiktat üben (38)	adressatenorientiert schreiben: Merkmale einer schriftlichen **Einladung** erarbeiten; eine Einladung schreiben (36); Familiengeschichten: malen, erzählen, schreiben (44)
Märchenzeit Seite 45–54 	Bild und Gedicht als Erzählanlass nutzen: Einführung in das Thema Märchen (45); ein Märchen mithilfe von Bildern nacherzählen (46); eine Geschichte erzählen: Redemittel und Vortragshilfen strategisch nutzen (50); Strategien des verstehenden Zuhörens anwenden (51); gemeinsam Stabpuppen basteln, ein Fest planen (54)	eine Theateraufführung planen: ein **Plakat** und **Listen** erstellen (48); eine Theateraufführung vorbereiten: **Stichpunkte** aufschreiben (49)
Im Winter Seite 55–64 	Bild und Gedicht als Erzählanlass nutzen: Winter und Weihnachten (55); zu Bildern erzählen (56)	Sätze zu einer Bildfolge schreiben (56); sich mit eigenen Wünschen und denen anderer auseinandersetzen; einen Wunschzettel schreiben (58); eine **Arbeitsanleitung** ordnen; unterschiedliche Satzanfänge nutzen (59); Wintergeschichte, Weihnachtskarte nach Vorgaben gestalten (64)
Das tut mir gut Seite 65–74	Bild und Gedicht als Erzählanlass nutzen: verständlich über Dinge aus der Lebenswelt erzählen (65); einen Text als Gesprächsanlass für eigene Gefühle und Gedanken nutzen; Lösungsvorschläge erarbeiten und szenisch darstellen (68)	Bild als Erzählanlass nutzen, eine eigene Meinung äußern und begründen; eigene Anforderungen formulieren und aufschreiben (66); **Merkmale eines Briefs** kennen lernen: Anrede- und Grußformeln: einen Brief sinnvoll ordnen (67); Ideen für mündliche und schriftliche Entschuldigungen sammeln, Textbausteine verwenden (69)
Im Frühling Seite 75–84	Bild und Gedicht als Erzählanlass nutzen: Anzeichen des Frühlings sammeln und eigene Gefühle beschreiben (75); Textaussagen und Fragestellungen mit Textstellen belegen; eigene Gedanken und Erlebnisse situationsangemessen erzählen (76)	mit Adjektiven treffend beschreiben; einen Text mithilfe abwechslungsreicher Adjektive überarbeiten; eine Wörtersammlung anlegen (78); passende Adjektive in einen Text einsetzen; eine Frühlingsgeschichte mit passenden Adjektiven aus einer anderen Perspektive schreiben (79)

Sprache und Sprachgebrauch untersuchen	Richtig schreiben / Rechtschreiben	Projekte / fächerübergreifende Ideen
Begriff Namenwort (Substantiv) anbahnen; Begriffe Vorname/Nachname klären (10); **Substantive** kennen lernen: Substantive nach Kategorien ordnen; Großschreibung von Substantiven (11); **Artikel** (bestimmten und unbestimmten) kennen lernen: Gebrauch der Artikel erproben (12); **Singular und Plural** von Substantiven kennen lernen: Regel für Artikel im Plural; unterschiedliche Bildung der Substantive im Plural (13)	Wörter und Sätze richtig abschreiben; Rechtschreibstrategien nutzen (9); **Laute und Buchstaben unterscheiden: Vokale** und **Konsonanten** kennen lernen (14); Umlaute kennen lernen (15); **Diphthonge** kennen lernen (16); **Silben** kennen lernen: jede Silbe hat einen Vokal, Diphthong oder Umlaut (17)	Leseecke einrichten: einfache Reime, Rätsel, Spiele zur Erweiterung des Wortschatzes; Sammelort für die Arbeiten der Kinder: Geheimschriftenordner, Domino
Adjektive kennen lernen und anwenden (prädikativ) (21); Adjektive im Sinnzusammenhang verwenden (attributiv) (22); Adjektive erkennen und zur näheren Beschreibung nutzen (23); **Fragesatz**; Satzschlusszeichen Fragezeichen kennen lernen (24); **Aussagesatz**; Satzschlusszeichen Punkt kennen lernen (25)	Rechtschreibstrategien anwenden: **Satzanfänge** großschreiben (24/25); **Alphabet** kennen lernen und üben (26); alphabetische Ordnung kennen lernen (27); ein Wörterbuch kennen lernen (28); Stichwörter suchen (29); **B/b, D/d, G/g am Wortanfang** hören und sprechen; Satzschlusszeichen beim Frage- und Aussagesatz richtig anwenden (30); **Sch/sch am Wortanfang**; Sätze ergänzen; Wortgruppen ordnen; Adjektive: Gegensätze schreiben (31)	Abc-Lied üben und vortragen; Spiele und Gedichte zum Abc sammeln; Ausstellung mit schön gestalteten Buchstaben; Sätze/Texte zu einem Buchstaben zu einem Buch binden; ein Herbstfest vorbereiten und feiern; Herbstfrüchte sammeln und ausstellen; thematische Büchersammlung zum Thema Herbst/Igel erstellen; Gedichte, Reime, Rätsel und Spiele zur Jahreszeit sammeln
Verben kennen lernen und pantomimisch darstellen (34); Verben: **Grundform/Nennform, gebeugte Form/Personalform** kennen lernen (35); Verben: **Wortstamm und Endung** kennen lernen (37)	Methodentraining: Rechtschreibung üben im **Partnerdiktat** (38); Methodentraining: verschiedene Übungsformen kennen lernen: **Laufdiktat, Klappdiktat, Dosendiktat** (39); **V/v am Wortanfang:** lautliche Unterschiede kennen lernen und einprägen; **Wortbausteine** ver-/vor- anwenden (40); **K/k, P/p, T/t am Wortanfang** hören, sprechen und richtig schreiben (41); **b im Wort: Wortstamm/Endung** und Grundform/Personalform von Verben; **Rechtschreibstrategie: Verlängerung** (Grundform bilden) (42); **g im Wort: Rechtschreibstrategie: Verlängerung** (Grundform/Mehrzahl bilden) (43)	eine Spielesammlung für Geburtstagsspiele anlegen und Spiele ausprobieren; Freundschaftsregeln besprechen; Klassenregeln (neu) vereinbaren und festlegen
Aufforderungssatz, Ausruf; Satzschlusszeichen Ausrufezeichen kennen lernen (47)	**d im Wort:** Reimwörter finden; Rechtschreibstrategie: Verlängerung (Singular/Plural bilden) (52); **Wörter mit ch:** auf lautliche Unterschiede achten; **Diminutiv** (-chen, -lein) verwenden (53)	Märchennachmittag vorbereiten und gestalten; Märchen spielen; ein Stabpuppenspiel erstellen und ein Märchen aufführen
Komposita bilden und deren Sinn verstehen (57); **Wortfamilien mit Wortstamm** kennen lernen (58)	**kurze und lange Vokale** voneinander unterscheiden; Personalformen von Verben im **Wörterverzeichnis** finden (60/61); **Wörter mit ck:** Vokallänge ermitteln, Trennungsregeln beachten, richtig (ab)schreiben (62); **Wörter mit ä: verwandte Wörter** mit a für das Richtigschreiben nutzen (63)	Rezepte sammeln; Plätzchen backen; eine Weihnachtsfeier/ein Winterfest gestalten; Weihnachtsgeschenke herstellen: Faltkarten; Lieder, Gedichte, Rätsel zur Jahreszeit sammeln
Komposita bilden, Wortfamilien erkennen (72); Personalform von Verben im Satz verwenden (73)	**Sp/sp oder St/st am Wortanfang:** Phonem-Graphem-Zuordnung bewusst machen; Wortfamilien nutzen (72); **Wörter mit ch oder sch:** Laute unterscheiden und richtig schreiben (73)	grundlegende Bauelemente eines Computers und elementare Bedienhandlungen zur Textverarbeitung am Computer kennen lernen; ein Freundschaftsgeschenk herstellen
Grund- und Personalformen von Verben (mit Wortbausteinen) bilden; **Gegensatzpaare** finden (80)	Verben zusammensetzen/ableiten; Veränderung der Wortbedeutung erkennen; **Verben mit Wortbausteinen** im Satz richtig verwenden (77); **Wörter mit h:** Wortstamm erkennen und zum Richtigschreiben nutzen; (80); **Wörter mit ng** üben (81); **Konsonantenfolge nach kurzem Vokal** untersuchen: **doppelter Mitlaut** oder **mehrere verschiedene Mitlaute** (82); **lange und kurze Vokale** unterscheiden und kennzeichnen; Wörter im Wörterverzeichnis nachschlagen (83)	Beete mit Frühblühern in Obstkisten anlegen; gesunde Ernährung (Rezepte mit frischen Zutaten); Gedichte, Rätsel und Lieder zur Jahreszeit sammeln

Kapitel	Sprechen und Zuhören	Schreiben/Texte verfassen
Mit Tieren leben Seite 85–94 	Bild und Gedicht als Erzählanlass nutzen: den Inhalt wiedergeben können und eigene Träume in verständliche Sätze fassen (85); eine Geschichte angemessen vortragen (86)	Geschichten passende Überschriften zuordnen; den Charakter einer Geschichte erkennen; eine **Geschichte schreiben** (86); einer Bildfolge Sätze in der richtigen Reihenfolge zuordnen; eine Überschrift finden; einen folgerichtigen Schluss schreiben (87); treffende Verben und passende Adjektive sinnvoll in Sätzen verwenden (88); zu einer Bildfolge eine Geschichte mithilfe ausführlicher Tipps schreiben und anhand der Kriterien vergleichen (89); **Teile einer Geschichte kennen** und benennen: Überschrift, Einleitung, Hauptteil, Schluss; die W-Fragen kennen (90); Teile einer Geschichte nach vorgegebenem Muster schreiben (91)
Bei uns und anderswo Seite 95–102	Bild und Gedicht als Erzählanlass nutzen: eigene Gedanken zu Fragestellungen entwickeln (95); Fragen zu einem Text mit Textstellen belegen; Antworten formulieren (97); eine Spielanleitung verstehen (98)	aus einem Text Informationen entnehmen; Stichpunkte/einen **Steckbrief** schreiben (96)
In der Bibliothek Seite 103–110 	Bild und Gedicht als Erzählanlass nutzen: an Vorwissen und eigene Erfahrungen anknüpfen (103); Informationen über die Bibliothek einholen (104); Strategien zur Vorbereitung einer Buchvorstellung nutzen: Reihenfolge, Elemente einer Buchvorstellung, Merkhilfen für einen Vortrag (106); Hilfestellungen für einen Buchvortrag kennen lernen: Textmuster; Bewertungskriterien kennen lernen (107); einen Lesetipp und eine Weitergeb-Geschichte schreiben (110)	Informationen sammeln und eine Liste anlegen (105)
Unheimliches und Spannendes Seite 111–122	Bild und Gedicht als Erzählanlass nutzen: eigene Gedanken und Gefühle formulieren (111)	eine literarische Figur erfinden (112); Merkmale für einen anschaulich geschriebenen Text kennen lernen; spannende Verben, abwechslungsreiche Adjektive finden (113); Kriterien für die **Überarbeitung einer Geschichte** und Formulierungen für Argumente und Meinungen kennen lernen (114); eine Geschichte anhand von Kriterien einschätzen; eine Geschichte schreiben und anhand gemeinsam erarbeiteter Kriterien überprüfen (115)
Im Sommer Seite 123–130 	Bild und Gedicht als Erzählanlass nutzen: eigene Gedanken und Erwartungen formulieren (123); Spielregeln verstehen, erklären und anwenden; Spiele vorstellen/kennen lernen (124)	Bestandteile einer **Anschrift** kennen lernen (125); eigene Sätze sprachspielerisch mit vorgegebenen Adjektiven, Verben und Substantive bilden (126); einen Wunsch-Zettel schreiben (130)
Bist du fit? Seite 131–139 		Wiederholung: Geschichten schreiben (138)

Regelmäßig wiederkehrende Anforderungen, wie die Arbeit mit dem Wörterverzeichnis und dem Wörterbuch, das Lesen und Verstehen von Arbeitsanweisungen sowie die Arbeit mit den Sammelwörtern in den Wörterleisten, sind in der tabellarischen Übersicht nicht mit aufgenommen worden.

Sprache und Sprachgebrauch untersuchen	Richtig schreiben/ Rechtschreiben	Projekte/ fächerübergreifende Ideen
Personalformen von Verben verwenden; Adjektive passend einsetzen (88); Wortfamilien bilden (92); Substantive mit Artikel schreiben (93)	**Wörter mit tz** üben: auf Vokallänge hin untersuchen; Reimwörter finden, trennen (92); **Wörter mit doppelten Konsonanten** erkennen, schreiben, mit dem Wörterverzeichnis kontrollieren, in Silben zerlegen, zusammensetzen (93)	eine Zoohandlung besuchen; sich über die Haltung und Pflege von Heimtieren informieren; Tierbilder malen; Plakate/ Fotobücher gestalten, Tierrätsel schreiben; Tiersteckbriefe sammeln
Begegnung mit anderen Sprachen (96); Informationen aus Bildern und Symbolen entnehmen (99); Wortstamm erkennen (100); Komposita bilden (101)	**Wörter mit s:** Reimwörter finden, Verben mit Wortbausteinen bilden (100); **Wörter mit äu: verwandte Wörter** mit a für das Richtigschreiben nutzen (101)	Rezepte aus anderen Ländern ausprobieren; einen Spielenachmittag mit Spielen aus aller Welt veranstalten; Wortsammlungen zu verschiedenen Sprachen anlegen; Kinderbücher in verschiedenen Sprachen ausstellen
Oberbegriffe finden; Komposita bilden (104, 109); Verben sinnentsprechend in Sätze einfügen; Personalformen kennen bei verändertem Wortstamm (105); Adjektive passend zuordnen (108, 109)	**Wörter mit t:** Wörter trennen, Gegensatzpaare finden, Groß- und Kleinschreibung üben (108); **Wörter mit ß:** Gegensatzpaare finden; verschiedene Diktatformen zur Übung nutzen (109)	einen Bibliotheksbesuch planen und durchführen, ein Lesefest veranstalten, Klassenbücherei einrichten, Lesetagebücher schreiben, Lesetipps an einem Schwarzen Brett veröffentlichen
Komposita bilden (112, 116); Gegensatzpaare bilden (119); Komposita sinnvoll aufschreiben (120)	Regeln eines Sprachspiels erkennen und anwenden; Regeln der Großschreibung von Substantiven und am Satzanfang wiederholen (116); Singular/Plural bilden; Verben mit Wortbausteinen bilden/ableiten und im Satz verwenden; Reimwörter finden (117); **Wörter mit eu oder ei:** Laute unterscheiden; Personalformen bilden, Reimwörter finden, Silben zusammensetzen, ein Rätsel lösen (118); **Wörter mit nk:** den Laut hören, Reimwörter finden, Wortfamilien bilden (119); **Wörter mit aa, ee, oo:** Wörter schreiben, Reimwörter finden (120); **Wörter mit ie:** den langen und kurzen i-Laut unterscheiden; ein Silbenrätsel lösen (121)	Gespensterbücher gestalten; Gespensterpuppen basteln und ausstellen; sich Spielszenen ausdenken und in einem Kartontheater aufführen
Wortfeld gehen in Sinnzusammenhängen erarbeiten; Wortfeld schwimmen kennen lernen (127); Wörter nach Wortfamilien ordnen, den Wortstamm markieren (128)	**Wörter mit hl, hm, hn, hr:** Wörter schreiben; Wörter im Wörterverzeichnis finden (128); **Wochentage und Monate:** Reihenfolge üben, richtig schreiben (129)	Ferientagebuch anlegen und den Umschlag gestalten, Adressbüchlein mit Register herstellen und Adressen eintragen; Spiele für lange Autofahrten sammeln; Kinderbücher, Reime und Rätsel zur Jahreszeit sammeln
Wiederholung: Substantive (132); Wiederholung: Adjektive (133); Wiederholung: Verben (134); Wiederholung: Satzarten (135); Wiederholung: Fachbegriffe (139)	Wiederholung: Alphabet (136); Wiederholung: Rechtschreibstrategien (137)	

Sprach*freunde* 2

Ausgabe Süd

Erarbeitet von:
Kathrin Knutas, Karin Kühne, Peter Sonnenburg

Unter Einbeziehung der Ausgabe von:
Heike Bonas, Antje Delonge, Anja Hollik, Peter Sonnenburg

Unter Beratung von:
Dagmar Diewald (Rositz), Jenny Glase (Berlin), Kerstin Granz (Biederitz),
Matthias Klocke (Berlin), Heike Redel (Berlin), Gisela Schmidt (Halle)
und dem Team der Martin-Andersen-Nexö Grundschule (Greifswald)

Redaktion: Jutta Wild, Mirjam Löwen

Illustrationen: Barbara Schumann, Uta Bettzieche (Hund + Detektiv, Kapitelvignetten),
Katja Wehner, Liliane Oser (Aufgabenvignetten)

Umschlaggestaltung: tritopp, Berlin, Barbara Schumann (Illustration)

Layout und technische Umsetzung: tritopp, Berlin

www.cornelsen.de

Die Webseiten Dritter, deren Internetadressen in diesem Lehrwerk angegeben sind,
wurden vor Drucklegung sorgfältig geprüft. Der Verlag übernimmt keine Gewähr
für die Aktualität und den Inhalt dieser Seiten oder solcher, die mit ihnen verlinkt sind.

Soweit in diesem Lehrwerk Personen fotografisch abgebildet sind und ihnen von der
Redaktion fiktive Namen, Berufe, Dialoge und Ähnliches zugeordnet oder diese Personen
in bestimmte Kontexte gesetzt werden, dienen diese Zuordnungen und Darstellungen
ausschließlich der Veranschaulichung und dem besseren Verständnis des Inhalts.

Aus didaktischen Gründen wurden Texte gekürzt/verändert.

1. Auflage, 7. Druck 2023

Alle Drucke dieser Auflage sind inhaltlich unverändert
und können im Unterricht nebeneinander verwendet werden.

Druck: Mohn Media Mohndruck, Gütersloh

ISBN 978-3-06-083651-2 (Schülerbuch)
ISBN 978-3-06-084031-1 (E-Book)

PEFC zertifiziert
Dieses Produkt stammt aus nachhaltig
bewirtschafteten Wäldern und kontrollierten
Quellen.
www.pefc.de

PEFC/04-31-1033